Das Wesen

der

österreichischen Kommunal-Verfassung.

Von

Dr. Josef Redlich,

o. ö. Professor des Verfassungs- und Verwaltungsrechtes an der
Technischen Hochschule in Wien,
Mitglied des Abgeordnetenhauses des österreichischen Reichsrates
und des mährischen Landtages.

Leipzig,
Verlag von Duncker & Humblot.
1910.

Vorwort.

Die hier veröffentlichte Abhandlung gibt einen Vortrag in erweiterter Fassung wieder, den ich am 26. November 1908 vor der Berliner Vereinigung für staatswissenschaftliche Fortbildung anläßlich ihres Besuches in Wien gehalten habe. Damals war mir die Aufgabe gestellt, eine Zuhörerschaft von sachverständigen preußischen Juristen, von denen wohl die meisten selbst mit den Einzelheiten ihres heimischen Kommunalrechtes völlig vertraut gewesen sind, mit dem Wesen einer ganz anders gearteten Kommunalorganisation, mit der österreichischen Gemeindeverfassung bekannt zu machen, die im Deutschen Reiche, wie ich aus eigener Erfahrung weiß, sowohl Praktikern des kommunalen Lebens wie wissenschaftlichen Vertretern des Verwaltungsrechtes so gut wie völlig fremd zu bleiben pflegt, obgleich das österreichische Gemeinderecht ebenso einen organischen Bestandteil der gesamten deutschen Rechts- und Staatsentwicklung des 19. Jahrhunderts bildet, wie etwa das preußische oder bayrische Kommunalrecht. Dieser Umstand hat Form und Aufbau des Vortrages wesentlich bestimmt: Ich habe versucht, das österreichische Kommunalrecht vor allem im Vergleiche und im Gegensatze zum preußischen Rechte klarzustellen. Allerdings war dabei von vornherein der Rahmen recht enge gezogen, sodaß ich auf Einzelerörterungen verzichten und mich mit der Feststellung der Grundgedanken begnügen mußte. In der vorliegenden Schrift habe ich nun trotz mannigfacher Zusätze und Erweiterungen den Gesamtcharakter des Vortrages im wesentlichen aufrechterhalten. Der Zweck, der mir bei Veröffentlichung dieser Studie vorschwebte, möchte vielleicht gerade dadurch gefördert werden: nämlich die Steigerung des Interesses und des Verständnisses für das Wesen der staatsrechtlichen und politischen Institutionen Österreichs in den Kreisen der Praktiker und Theoretiker deutscher Verwaltung. Ein Erfolg in dieser Hinsicht würde mir das wertvollste Ergebnis dieser kleinen Arbeit bedeuten.

Wien, den 7. Februar 1910.

Josef Redlich.

I.

Die Kommunalverfassung ist in jeder Epoche des staatlichen Entwicklungsganges ein organisch verbundenes Stück der gesamten politischen und sozial-ökonomischen Rechtsordnung eines Volkes gewesen: sie ist es vollends im modernen Staate. Schon rein theoretische Betrachtung lehrt, daß im modernen konstitutionellen Staate die Grundprinzipien und entscheidenden Anschauungen, welche die geschriebenen Staatsverfassungen enthalten, auch notwendigerweise die Prinzipien sein müssen, welche die Kommunalverfassung in ihrem Wesen beherrschen. Denn die Gemeinde — das elementarste Organ sozialer und rechtlicher Gemeinschaft, wie sie als rein agrarische Landgemeinde noch heute in fast primitiver Form vor uns steht, zugleich aber auch der Inbegriff intensivster und vielseitigster Interessenverwaltung, die auf modernsten Wirtschafts- und Kulturbedingungen beruht, wie sie im Typus unserer Großstadt sich zeigt — die Gemeinde also als Organ von unübertrefflicher Elastizität besitzt eine so umfassende und tiefdringende Bedeutung für das ganze staatliche Leben, daß Staatsverfassung und Staatsverwaltung in weitem Ausmaße nur durch sie und in ihr lebendig werden kann.

Damit ist schon der engste Zusammenhang und der harmonische Zusammenklang der staatsrechtlichen Grundanschauungen in Staats- und Gemeindeverfassung bedingt. Die Organisation der staatlichen Verwaltung vollends muß notwendigerweise in ihren rechtlichen Elementen mitbestimmt werden durch die jeweils in einem Staate herrschende Grundanschauung vom Wesen und der Stellung der Gemeinde im Staate. Die Prinzipien, nach denen die innere Ordnung der Gemeinden sowie die wechselseitigen Beziehungen zwischen Staat und Gemeinde geregelt werden, müssen unfehlbar einen wesentlichen ja entscheidenden Bestandteil der gesamten Rechtsordnung des Staates bilden.

In der Tat erkennen die geschriebenen Verfassungen sehr häufig diese Notwendigkeit dadurch an, daß sie die Grundprinzipien der Gemeindeordnung selbst zu einem Bestandteile der Staatsverfassung oder der Staatsgrundgesetze machen. So, um nur auf einige für Oesterreich besonders wichtige Beispiele hinzuweisen, bestimmt der Kremsierer Verfassungsentwurf vom Jahre 1849 in den §§ 130 und 131 eine Reihe von staatsgrundgesetzlich garantierten Rechten der Gemeinden und § 33 der oktroyierten Reichsverfassung vom Jahre 1849 normiert fünf besondere Grundrechte unter Hinweisung auf das Gemeindegesetz [1]).

---

[1]) § 130: Den Gemeinden wird die Selbstbestimmung in allen Angelegenheiten, welche ausschließlich das Gemeindeinteresse betreffen, und deren Selbstverwaltung innerhalb der durch das Reichsgemeindegesetz und durch die Gemeindeordnung festgesezten Grenzen zugesichert.

Aber auch in den deutschen Verfassungen der Jahre 1848 und 1849 finden sich zahlreiche Beispiele für diese Erscheinung. Das ist um so erklärlicher, als die Neuordnung der Gewalten im Staate, wie sie durch diese Verfassungen des Revolutionsjahres geschaffen wurde, immer ein Kompromiß vorstellt mit der konstitutionellen Doktrin jener Zeit, in welcher das Problem der Selbstverwaltung rein theoretisch als ein essentieller Bestandteil der Gesamtverfassung des liberalen Rechtstaates seine konsequente Lösung gefunden hatte [1]).

§ 131: „Das Gemeindegesetz muß jeder Gemeinde als unveräußerliche Rechte gewährleisten:
 a) die freie Wahl ihrer Vorsteher und Vertreter;
 b) Die Aufnahme neuer Mitglieder in den Gemeindeverband;
 c) die selbständige Verwaltung ihrer Angelegenheiten und die Handhabung der Ortspolizei;
 d) die Veröffentlichung ihres Haushaltes, und in der Regel Öffentlichkeit der Verhandlungen.

Die Beschränkungen des Rechtes, die Aufnahme in den Gemeindeverband zu verweigern, und des Rechtes, das Gemeindegut oder das Stammvermögen der Gemeinde zu veräußern oder zu belasten, enthält das Gemeindegesetz.

§ 33 der Reichsverfassung vom Jahre 1849: „Der Gemeinde werden als Grundrechte gewährleistet:
 a) die Wahl ihrer Vertreter;
 b) die Aufnahme neuer Mitglieder in den Gemeindeverband;
 c) die selbständige Verwaltung ihrer Angelegenheiten;
 d) die Veröffentlichung der Ergebnisse ihres Haushaltes und in der Regel
 e) die Öffentlichkeit der Verhandlung ihrer Vertreter.

Die nähere Bestimmung dieser Grundrechte der Gemeinden, und insbesondere die Bedingungen für die Aufnahme in den Verband einer Gemeinde, enthalten die Gemeindegesetze".

[1]) So z. B. § 184 der Frankfurter Reichsverfassung: „Jede Gemeinde hat als Grundrechte ihrer Verfassung:

Was aber für die Theorie und das geschriebene Recht gilt, hat nicht minder Geltung vom Standpunkte jener Be-

a) die Wahl ihrer Vorsteher und Vertreter;
b) die selbständige Verwaltung ihrer Gemeindeangelegenheiten mit Einschluß der Ortspolizei, unter gesetzlich geordneter Oberaufsicht des Staates;
c) die Veröffentlichung ihres Gemeindehaushaltes:
d) Öffentlichkeit der Verhandlungen als Regel".

Aber auch die Preußische Verfassung vom 5. Dezember 1848 stellt im Titel IX, Artikel 104, Absatz 1—3 Forderungen auf wie:

1. Über die inneren und besonderen Angelegenheiten der Provinzen, Bezirke, Kreise und Gemeinden, beschließen aus gewählten Vertretern bestehende Versammlungen, deren Beschlüsse durch die Vorsteher der Provinzen, Bezirke, Kreise und Gemeinden ausgeführt werden.

   Das Gesetz wird die Fälle bestimmen, in welchen die Beschlüsse der Gemeinde-, Kreis-, Bezirks-, und Provinzialvertretung der Genehmigung einer höheren Vertretung oder der Staatsregierung unterworfen sind.

2. Die Vorsteher der Provinzen, Bezirke und Kreise werden von der Staatsregierung ernannt, die der Gemeinden von den Gemeindemitgliedern gewählt.

   Die Organisation der Exekutionsgewalt des Staates wird hierdurch nicht berührt.

3. Den Gemeinden insbesondere steht die selbständige Verwaltung ihrer Gemeindeangelegenheiten zu, mit Einschluß der Ortspolizei . . . . ".

Vergleiche ferner z. B. Artikel 64 der Oldenburgschen Verfassung vom Jahre 1848: „Jede Gemeinde hat in ihren Angelegenheiten das Recht der freien Selbstverwaltung und darf in dieser Beziehung nur durch das Gesetz und auch durch dieses nicht weiter beschränkt werden, als der Staatszweck es notwendig erfordert".

Oder § 93 der Verfassung von Anhalt-Dessau: „Es wird eine freie Gemeindeverfassung mit selbständiger Verwaltung der Gemeindeangelegenheiten und freier Wahl aller Kommunalbeamten gewährt.

Sollten gegen die Wahl eines Kommunalbeamten Bedenken erhoben werden, so entscheidet darüber der Landtag. Bis zu dieser Entscheidung fungiert der erwählte Beamte".

trachtungsweise staatlicher Normen und Einrichtungen, die ich die funktionelle nennen möchte: vom Standpunkte nämlich der Erfassung dieser Einrichtungen als politischer Phänomene. In jüngster Zeit ist auch wieder in der deutschen Staatswissenschaft deutlich die Abkehr zu bemerken von jener durch mehr als ein Menschenalter fast widerspruchslos die Staatsrechtslehre beherrschenden Doktrin, daß die Staatsrechtswissenschaft nur mit Hülfe der sogenannten rein juristischen Methode betrieben werden könne. Man beginnt nunmehr auch dort, wo bisher die Berücksichtigung der tatsächlichen Funktion staatlicher Einrichtungen mit einer oft fast verächtlichen Gebärde als „politische Betrachtung" aus dem Tempel der unverfälscht wissenschaftlichen Staatsrechtslehre hinausgewiesen zu werden pflegte, auf die „Wandlungen" der Verfassung hinzuweisen, wie sie das staatliche Leben ohne jede ausdrückliche Satzung rein durch die schöpferische Macht gesellschaftlicher und politischer Kraftfaktoren in allen Zeitaltern und daher auch in dem unsrigen geschaffen hat und fortwährend schafft[1].

---

[1] Es ist in dieser Hinsicht besonders bemerkenswert, daß Georg Jellinek, durch lange Zeit der unermüdliche Herold für die philosophisch-juristische Methode in der Staatslehre und im Staatsrechte in seinen neueren Schriften doch immer mehr die „Wandlungen" öffentlich-rechtlicher Institutionen als Folge der verschiedenen politischen und sozialen Einflüsse, überhaupt als Folgeerscheinungen der praktischen Betätigung oder Nichtbetätigung öffentlicher Rechte und Pflichten hervorzuheben begonnen hat. Vergleiche z. B. seine Ausführungen über „Zweckwandel" in seiner „Allgemeinen Staatslehre", 2. Auflage, Berlin 1905, S. 41 ff., ferner seine Schrift „Verfassungsänderung und Verfassungswandlung", Berlin 1906. Leider ist ein solcher Fortschritt in seinen Ausführungen über die Selbstverwaltung auch in der

Man beginnt also, wie ich mit einer gewissen Befriedigung bemerke, nunmehr auch in der akademischen Staatslehre Deutschlands ähnlich wie schon seit jeher in der Staatswissenschaft Englands und Amerikas die Erkenntnis der tatsächlichen Funktion staatlicher Einrichtungen. — wie man in England und Amerika sagt: „the Working of Institutions" — als eine der Staatsrechtslehre nicht unwürdige Aufgabe anzusehen im Vereine und neben der Anwendung der Methoden juristischer Zergliederung der Institutionen, wie sie bislang fast ausschließlich als zulässig erachtet wurde. Da ich mich nun dieser Orthodoxie gegenüber längst als einen staatsrechtlichen Haeretiker schlimmster Art betrachten muß, der der Omnipotenz rechtgläubiger Begriffsjurisprudenz im Staatsrechte längst vor jenen mir so erfreulichen Symptomen der Wandlung in den Anschauungen deutscher Staatsrechtslehrer sowohl positiv wie negativ mit allem Ernste entgegengetreten ist, so liegt mir hier und in diesem Zusammenhange ganz besonders am Herzen, auch für das Problem der Kommunalverfassung mit Nachdruck jene „funktionelle Betrachtungsweise" abermals zu postulieren. Nicht nur Staats- sondern auch Kommunal-

---

zweiten Auflage seiner „Allgemeinen Staatslehre" nicht zu bemerken. Das ist aber umso bedauernswerter, als Jellineks Anschauungen gerade auf diesem Gebiete allem Anschein nach besonders stark zu wirken vermochten. Nur mit dem Einfluß seiner magistralen Autorität kann es wohl erklärt werden, daß einer seiner österreichischen Schüler das Wesen der österreichischen Kommunalverfassung so schwer verkennen konnte, wie dies Lamp in seiner Schrift „Das Problem der städtischen Selbstverwaltung nach österreichischem und preußischem Rechte" (Leipzig 1905) getan hat.

verfassungen werden erst dann verstanden, wenn man sie in der lebendigen Wirksamkeit der einzelnen Institutionen beobachtet, aus denen solche Verfassungen bestehen. Das heißt mit anderen Worten: Wenn man diese Institutionen als Rüst- und Werkzeuge politischer Betätigung auffaßt, wenn man Einblick in die jeweilige politische Natur der Rechtssätze und Rechtsformen gewonnen hat, die dazu bestimmt sind, den Anteil der einzelnen Klassen, Berufs- und Interessengruppen an „Staat" oder „Gemeinde" festzusetzen und dadurch schon eine bestimmte politische Kräfteverteilung, wie sie jeweils als Staatsinteresse angestrebt wird, festzulegen.

Betrachtet man also die Staats- und Kommunalverfassungen einzeln und in ihrem Zusammenhange nicht bloß als Normenkomplexe, sondern als politische Kraftorganisationen in ihrer lebendigen Arbeit, so wird man in allen Staaten und im Bereiche aller Verfassungen den innigsten Zusammenhang in der politischen Struktur und in der politischen Entwicklung beider finden. Man wird finden, daß im Bereiche tatsächlichen Verfassungslebens eines Volkes und seiner praktischen Kommunalverwaltung der Zusammenhang zwischen beiden noch ein weit innigerer ist als das geschriebene Gesetz und Statuten vermuten lassen. Man wird alsbald erkennen, daß die politischen Kräfte, Prinzipien und Anschauungen, die erst den Sinn und Geist der geschriebenen Staatsverfassungen für jedes einzelne Volk lebendig und individuell gestalten, auch mit vollster Kraft auf die tatsächliche Gestaltung des in den Gemeindegesetzen und Gemeindeordnungen statuierten Kommunalrechtes Einfluß üben; daß erst die Praxis kommunaler Politik und Verwaltung der Gemeinde ihr tatsächliches Wesen verleiht, die der betreffenden Staatsordnung dauernd eigentümliche Art ihrer kommunalen Institutionen ausprägt.

Ich will diesen Gedanken, so verlockend es auch wäre, hier nicht in voller Breite darlegen. Ich darf hoffen, daß ich darauf von selbst werde zurückgeführt werden durch die Behandlung meines eigentlichen Themas, dem ich mich nunmehr zuwende. Dabei aber bildet jene Erkenntnis von der Bedeutung des unlösbaren inneren Zusammenhanges kommunaler Institutionen mit dem politischen Gesamtcharakter der angewandten Staatsverfassung den festen Ausgangspunkt. Diese Anschauung, fruchtbringend für die Erforschung jedes einzelnen Staats- und Rechtsgebietes, ist es nun ganz besonders, wenn man sich anschickt, das Wesen österreichischer Kommunalverfassung zu erschließen.

Und nun versuche ich in der gebotenen raschen Folge und Kürze, die Elemente dieser Gemeindeordnung vorzuführen. Da ist nun vor allem eine kurze historische Einführung vonnöten.

Die alte österreichische Kommunalverfassung ruht im Wesen historisch auf demselben Grunde, auf dem die gegenwärtige Gemeindeverfassung der deutschen Einzelstaaten erwachsen ist. Die mittelbare Stellung der Landgemeinden zum Staate, verursacht durch die — wie wir es in Österreich nennen — patrimoniale Jurisdiktion der Grund- oder Gutsherrschaft, die im Laufe des 18. Jahrhunderts fast vollständig durchgeführte Unterwerfung der Stadtgemeinde

unter die staatliche Macht vermittelst einer durch die
Provinzial- und Kreisbehörden geübten Tutel, sowie endlich
die Verstaatlichung der städtischen Magistrate, wo sie als
Reste mittelalterlicher städtischer Selbstverwaltung übrig
geblieben waren, sind die positiven Merkmale dieser unter
Friedrich dem Großen in Preußen und Josef II. in Österreich zur Reife gebrachten Kommunalordnung. Negatives
Hauptmerkmal ist dagegen die praktisch geradezu vollständige Ausschließung aller Elemente wirklicher Selbstverwaltung wie sie durch repräsentative munizipale Körperschaften sich betätigt. Der politische Rationalismus des
18. Jahrhunderts ist der Korporation, den auf Herkommen beruhenden Sonder- und Ortsrechten allerwegen
sehr abgeneigt gewesen. Was dann in Frankreich die
Revolution, das hat in unseren deutschen Großstaaten der
aufgeklärte Absolutismus auf diesem Gebiete besorgt: nämlich die nahezu vollständige Aufsaugung der lokalen
Korporationen durch den Staat. In Österreich ist es fast
ohne jede nennenswerte Änderung bei diesem Zustande
bis zum Jahre 1848 geblieben; in Preußen aber hat die
Städteordnung des Freiherrn von Stein schon zu Beginn
des 19. Jahrhunderts die grundlegende Reform des Verhältnisses von Staat und Gemeinde vollzogen. Dieses hochberühmte Gesetz hat in deutschen Landen der Gemeindefreiheit abermals das Tor geöffnet: allerdings ist dieses
Tor nach dem Zurücktreten Steins und der nur allzuschnell erfolgten Verdrängung jenes idealistischen Liberalismus des Freiherrn vom Stein und seiner Jünger sachte

mehr und mehr geschlossen worden, und bis zur Gegenwart ist es dabei geblieben, in Preußen sowohl wie in den von seinem Beispiel geleiteten kleineren deutschen Staaten.

Ich kann nun gewiß hier nicht auseinandersetzen, wie in den beiden dieser großen Tat folgenden Menschenaltern das Prinzip der kommunalen Selbstverwaltung durch freigewählte Vertreter der Bürgerschaft in wichtigen Belangen gehemmt, verkürzt und eingeschränkt worden ist zu Gunsten der prinzipiell und tatsächlich allmächtigen Staatsgewalt und seines zentralistisch straff organisierten Beamtentums. In derselben Epoche aber, in welcher die rückläufige Ausbildung der Stein'schen Reform durch die preußische Städteordnung von 1853 ihren im Grunde genommen bis in die Gegenwart fortdauernden Abschluß erhielt, ist in Österreich auf demselben Gebiete staatlichen Schaffens die große Wandlung eingetreten: verspätet aber gerade deshalb mit voller und nachhaltiger Kraft. Mit dem provisorischen Gemeindegesetz gab sein Schöpfer, Graf Franz Stadion, dem österreichischen Staate, der bis dahin jeglicher Gemeindeverfassung im Sinne des modernen Staates entbehrt hatte, eine generelle Gemeindeverfassung, durchaus beherrscht vom Gedanken freier Selbstverwaltung, im Großen und im Einzelnen ein legislatorisches Werk, das an Eigenart und Tragweite der darin kodifizierten politischen Prinzipien und Rechtsgedanken der Reformakte des Freiherrn vom Stein nicht nachsteht[1]). Schon in den einleitenden Artikeln,

---

[1]) Daß dies weder früher noch gegenwärtig in der deutschen Staatsrechtswissenschaft anerkannt wird, ist mir eines der vielen

„Allgemeine Bestimmungen" genannt, kündigt sich dieser Charakter an. Da wird nämlich eine Art Magna Charta der Gemeinde an die Spitze gestellt als Inbegriff der kommunalen Grundrechte. Ich darf wohl diese fünf Artikel hier in ihrem wörtlichen Texte vorführen, denn sie sind von dauernder Bedeutung für das österreichische Kommunalrecht geworden. Sie lauten:

I. Die Grundfeste des freien Staates ist die freie Gemeinde.

II. Der Wirkungskreis der freien Gemeinde ist
a) der natürliche
b) ein übertragener.

III. Der natürliche umfaßt alles, was das Interesse der Gemeinde zunächst berührt und innerhalb ihrer Grenzen vollständig durchführbar ist. Er erhält nur mit Rücksicht auf das Gesamtwohl durch das Gesetz die notwendigen Beschränkungen. Der übertragene umfaßt die Besorgung bestimmter öffentlicher Geschäfte, welche der Gemeinde vom Staate im Delegationswege zugewiesen werden.

Symptome der allgemeinen Erscheinung, daß man im „Reich" ein viel zu geringes Interesse für die Entwicklung des öffentlichen Rechtes in Österreich besitzt. Man vergißt dabei, daß — trotz des unaufhaltsamen Ansteigens der politischen Kräfte und Einflüsse der slavischen Nationen Österreichs — seine Verfassung und Verwaltung, ja seine ganze moderne politische Gedankenwelt aus dem unverwüstlichen Stamme altdeutschen Staatslebens hervorgewachsen ist und daß öffentliches Recht und Politik im Österreich unserer Zeit trotz seiner völlig selbständigen, immer mehr sich differenzierenden Wesensart in dem seit 1815 und 1848 erwachsenen deutschen Einzelstaat noch immer seinen nächsten Verwandten hat.

IV. Die Verwaltung der in den natürlichen Wirkungskreis der Gemeinde gehörenden Angelegenheiten steht der Gemeinde selbst zu. welche sich durch die Majorität ihrer Vertretung ausspricht.

V. In bezug auf den natürlichen Wirkungskreis ist der Gemeindevorsteher das vollziehende Organ."

Das Gesetz von 1849 hat nun diese Prinzipien mit der größten Konsequenz und im freiesten Geiste verwirklicht.[1]

---

[1] Die Kodifikationsgeschichte des österreichischen Gemeindegesetzes von 1849 ist noch keineswegs aktenmäßig klargestellt. Bekannt ist, daß Graf Stadion schon als Gouverneur der Küstenlande sich eifrig mit den Fragen des Gemeinderechtes beschäftigt hat: in der Tat hat er im Jahre 1845 für das ihm unterstellte Verwaltungsgebiet eine auf Wahl der Gemeindeorgane beruhende Gemeindeverfassung auf eigene Faust ins Leben gerufen, ohne daß dafür vorher die gesetzliche Grundlage durch kaiserliches Hofdekret geschaffen worden wäre. Dieser — im übrigen sehr erfolgreiche — eigenmächtige Gesetzgebungsakt des Statthalters wurde — merkwürdig 'genug - von der Wiener Regierung stillschweigend geduldet. In einem mir vorliegenden, unveröffentlichten Schreiben Graf Stadions an seinen Präsidialsekretär Oettl vom 26. Jänner 1846 wird dieser Sachverhalt von dem Statthalter mit unverkennbarem Behagen geschildert. Wie sich dann Graf Stadion sowohl als galizischer Statthalter wie auch ganz besonders seit Ausbruch der Revolution in seiner Eigenschaft als Mitglied des Wiener Reichstages unablässig mit den Fragen des Gemeinderechtes beschäftigt hat, geht aus dem in meinem Besitz befindlichen Briefwechsel Stadions mit Oettl während des Jahres 1848 deutlich hervor. Es ist unverkennbar, daß Graf Stadion dabei stark unter dem Einflusse der liberal-konstitutionellen Staatsrechtslehre Belgiens und Deutschlands gestanden hat. Die Unterscheidung eines „natürlichen" und eines „delegierten" Wirkungskreises findet sich z. B. in voller Schärfe durchgeführt in dem Artikel „Gemeinde", den Carl von Rotteck 1838 im 6. Bande des „Staatslexikon" publiziert hat. Wie sehr diese auf Befreiung der Gemeinde vom „Staate" gerichteten Ideen des süddeutschen Liberalismus gerade auf die österreichischen Liberalen jener Zeit eingewirkt haben, läßt sich

Damit war für das ganze Gebiet der österreichischen Kronländer ein und dieselbe einheitliche Lebensform der Gemeinde in voller Gleichheit für Stadt und Land geschaffen: für jene Zeit ein umso größerer Fortschritt, als beispielsweise in den alten Provinzen Preußens, das doch schon seit dem Beginn des 19. Jahrhunderts eine Städteordnung besitzt, eine Landgemeindeordnung erst 1891 durch das Miquel'sche Gesetz geschaffen wurde und auch da nur mit einem sehr beschränkten Maß von wirklicher Selbstverwaltung. In Österreich ist aber durch das Gemeindegesetz von 1849 der Feudalismus in der Verwaltung — wie er sich in Preußen als ein politisch noch sehr kräftiger Faktor in Gestalt der gutsherrlichen Polizei bis in unsere

---

vielfach in den Geschichtsquellen der Wiener Revolution verfolgen. So finde ich z. B. in einem mir handschriftlich vorliegenden Auszug aus einem Referat, das Dr. Alexander Bach — damals im Frühjahr 1848 einer der Führer der gemäßigten Liberalen — über die Grundzüge einer Gemeindeordnung vor Vertretern der verschiedenen Stände in Wien vorlesen lies, folgende Leitsätze:

1. „Die Gemeinden werden von der bisherigen Bevormundung in den eigentlichen Gemeindeangelegenheiten namentlich in der Gebahrung mit ihrem Vermögen enthoben.
2. Die bisher von den Regierungsorganen geübte Kontrolle der Gemeindeverwaltung geht in die aus der Gemeinde zu wählenden Ausschüsse über.
4. In der Zukunft wird das Justizfach gänzlich aus dem Bereiche der Gemeindebehörden auszuscheiden und den Staatsorganen abzugeben sein.
5. Für die ökonomische Verwaltung wird in jeder größeren Gemeinde ein Ausschuß bestellt, dessen Zustimmung in den in seinen Wirkungskreis gehörigen, in der Gemeindeordnung präzise zu bezeichnenden Angelegenheiten eingeholt werden muß."

Tage erhalten hat — vollständig und für immer beseitigt worden. Eine Ausnahme ist hier nur für Galizien zu machen.¹) Diese demnach besonders in politischer Hinsicht epochale Errungenschaft der Einheitlichkeit der Gemeindeordnung, die der ländlichen Bevölkerung ebenso wie den Städtern die Form und das Wesen freiester Selbstverwaltung in der Gemeinde darbot, ist keineswegs dadurch verringert worden, daß in Ausführung einer Bestimmung des Gesetzes von 1849 den Landeshauptstädten, sowie einigen anderen größeren Gemeinwesen besondere Städteordnungen einzeln verliehen wurden, die sogenannten Städtestatute. Gewiß darf nicht übersehen werden, daß diese gleichartige Behandlung von Stadt und Land auf dem Gebiete der Gemeindeverfassung — politisch ein großer Vorzug — administrativ manche Nachteile mit sich bringt: zumal seit

---

¹) Für Galizien und die Bukowina besteht die besondere Einrichtung des ausgeschiedenen Gutsgebietes; es wurden nämlich die vormals mit Jurisdiktionsrecht versehenen herrschaftlichen Besitzungen auch nach Einführung des Reichsgemeindegesetzes als von den Gemeinden abgeordnete Territorien (Gutskörper) mittels einer Organisation verwaltet, die dem Besitzer des Gutes durch den von ihm bestellten Vorsteher einen großen Teil der ortspolizeilichen Befugnisse einräumt. Die auf dem Gutsgebiete lebenden Personen sind von Abgaben und Leistungen zu kommunal-administrativen Zwecken befreit, aber auch zugleich der ortspolizeilichen Instanz des Besitzers oder des von ihm ernannten Vorstehers unterstellt, ohne daß jenen Personen irgend welcher Anteil an der Verwaltung gewährt wäre. Dieses in den besonderen ökonomischen und sozialen Verhältnissen dieser beiden Länder begründete Institut ist für Galizien durch die Landesgesetze vom 12. August 1866 und 21. März 1888, für die Bukowina durch die Landesgesetze vom 14. November 1863 und 24. Oktober 1868 geregelt.

der starken und immer fortschreitenden Differenzierung der städtischen und ländlichen Verwaltungsinteressen unter den Bedingungen moderner Kultur. Je mehr es einer adäquaten Verwaltungsorganisation für die verschiedenen modernen Typen der Gemeinde bedarf, desto mehr bedarf es größerer Elastizität in den betreffenden Bestimmungen, als sie unsere Gemeindeordnungen von 1849 und 1862 besitzen. Allerdings haben die österreichischen Städtestatute diesem Mangel teilweise Abhilfe gebracht. Auch diese Gesetze, die den besonderen Bedürfnissen der größeren Stadtgemeinden in einigen Punkten Rechnung zu tragen sich bemühten, beruhen jedoch durchaus auf dem Grundgedanken der allgemeinen Gemeindeordnung und bringen keinerlei hievon wesentlich verschiedene Normen oder Prinzipien hinsichtlich der Gemeindeverfassung zum Ausdruck.

Eine nähere Besprechung dieser Gemeindeordnung von 1849 erübrigt sich an dieser Stelle. Denn diese ersten Grundsätze österreichischer Gemeindefreiheit sind nach kurzer Frist, die kaum zur Einführung der neuen Ordnung genügte, in ihren wichtigsten Stücken außer Kraft gesetzt und in dieser Formulierung bald beseitigt worden [1]). Eben dieselben

---

[1]) Die besonderen Städtestatute blieben jedoch in Kraft. Für alle übrigen Gemeinden wurde durch die Ministerialverordnung vom 15. April 1852 die Öffentlichkeit der Gemeindeausschußverhandlungen aufgehoben, ferner durch Ministerialverordnung vom 19. März 1852 die behördliche Bestätigung der erfolgten Wahlen von Gemeindevorständen eingeführt, schließlich durch Ministerialverordnung vom 23. Februar 1854 die Vornahme von weiteren Gemeindewahlen sistiert und eventuell notwendig gewordene Ergänzung von Gemeinde-

Grundgedanken und Grundsätze haben aber nach zehnjähriger Unterbrechung einen vollständigen Sieg und ihre Wiedererstehung in dem neuen bis zur Gegenwart geltenden Gemeinderechte gefeiert. Mit dem Obsiegen des zentralistischen Absolutismus, wie er in dem Regime Alexander Bachs verkörpert war, fiel nämlich die Kommunalreform des Grafen Stadion, dieser Niederschlag einer ganz anders gearteten politischen Gesamtanschauung, notwendig dahin. Fast ein Jahrzehnt hindurch hat also die freie Gemeinde des Stadion'schen Gesetzes der zur selben Zeit entstandenen neuen Organisation staatlicher Zentral- und Lokalverwaltung weichen müssen: und so offenbart sich der innere politische Zusammenhang zwischen Verfassungs- und Kommunalrecht auch hier sehr deutlich [1]). Der Wiederbeginn des österreichischen Verfassungslebens seit Publizierung des Oktoberdiploms von 1860 hat hinwiederum auch das Wiederaufleben der freien Selbstverwaltung in der Gemeinde zur Folge gehabt. Eine der ersten Aufgaben,

vertretungen durch Ernennung seitens des Ministeriums des Innern angeordnet.

[1]) Es ist bemerkenswert, daß in diese Periode des Bach'schen absolutistischen Zentralismus ein besonderer legislatorischer Versuch hinsichtlich des Gemeindewesens fällt. Nach langen Vorarbeiten publizierte die Regierung im Jahre 1859 eine neue Gemeindeordnung, die in ihren ganzen Grundgedanken, sowie in der Anordnung und Formulierung des Stoffes völlig von den Ideen und Grundsätzen des Gesetzes von 1849 abwich, die Gemeinde als dienendes Glied einer übermächtigen bureaukratischen Verwaltungsorganisation der Zentralbehörden organisierte und sich im übrigen vielfach mit den preußischen Städteordnungen der Jahre 1850 und 1853 berührte.

welche der neue, auf der Schmerling'schen Februarverfassung beruhende Reichsrat im Jahre 1862 erledigte, war die Schaffung eines neuen Reichsgemeindegesetzes, auf dessen Grundlage die einzelnen Landtage die Landes-Gemeindeordnungen und Gemeindewahlordnungen nach ein und derselben Regierungsvorlage schufen. Auf diesen Gesetzen beruht bis zur Gegenwart die österreichische Gemeindeverfassung. Hinsichtlich der staatsrechtlichen Stellung der Gemeindegesetzgebung ist allerdings eine tiefgreifende Neuerung durch die Revision der Schmerling'schen Verfassung im Jahre 1867 dadurch vorgenommen worden, daß dieser Zweig der Gesetzgebung in die Kompetenz der Landtage eingeführt wurde[1]). Aber diese auf den ersten Blick so bedeutende Änderung in der Stellung des Staates zur Kommunalverfassung hat sich in Wahrheit als eine wenig wirksame Maßregel erwiesen. Zwar sind im Laufe der folgenden Jahrzehnte von den einzelnen Landtagen sowohl in der Gemeindeordnung, wie in der Gemeindewahlordnung vielfache, zum Teil beträchtliche Änderungen vorgenommen worden, darunter auch solche, die Bestimmungen des Reichsgesetzes derogieren. Gerade im letzten Jahrzehnt hat besonders die Gemeindewahlordnung in mehreren Kronländern sehr bedeutende Umgestaltungen in demokratischer Richtung

---

[1]) Darin lag eine der wenigen wirklichen Konzessionen, welche die im Jahre 1867 zur Regierung gelangte deutschliberale Zentralistenpartei dem hauptsächlich (aber nicht ausschließlich) von den österreichischen Slaven verfochtenen föderalistischen Staatsgedanken machte.

erfahren, vor allem in Nieder-Österreich und in Galizien. Darin ist vor allem eine Folge der großen politischen Bewegung zu erblicken, welche die Reform des Reichsratwahlrechtes und schließlich die Einführung des allgemeinen, gleichen und direkten Wahlrechtes für das Abgeordnetenhaus nach sich gezogen hat. **Aber trotz dieser Veränderungen im Einzelnen ist in allen wesentlichen Stücken die rechtliche Struktur der Gemeinde** und ihre Stellung im Gesamtsystem der Verfassung in allen österreichischen Kronländern so erhalten geblieben, wie sie das Reichsgemeindegesetz und ihm folgend die einzelnen Landesvertretungen geschaffen hatten. Obgleich es also den Landtagen seit 1867 freigestanden hätte, eine Gemeindeordnung auf völlig neuen Grundlagen zu schaffen, haben sie dies nicht getan; nur in Galizien ist eine das Wesen der Gemeinde berührende Änderung dadurch geschaffen worden, daß dort das große Prinzip, welches das österreichische Kommunalrecht seit 1849 beherrscht, das Prinzip der Einheitlichkeit der Gemeindeordnung für alle Gemeinden mit Ausnahme der sogenannten Statutarstädte, aufgegeben und neben der allgemeinen Gemeindeordnung je eine besondere Städteordnung für einige größere Städte sowie für die kleineren Städte und Märkte erlassen worden ist. (Landesgesetze vom 13. März 1889, L.G.Bl. 29 und vom 3. Juni 1896, L.G.Bl. 51.) Demgemäß liegen trotz der Verschiebung in der Kompetenz bezüglich der Gemeindegesetzgebung die Dinge auch heute noch so, daß die großen Prinzipien und wesentlichen Rechtsinstitute der Kommunalverfassung, wie sie das Reichsgesetz von 1862 kodifiziert, unverändert erhalten geblieben sind und forterhalten werden ungeachtet aller Abänderungen, wie sie die Gemeindeordnungen provinziellen Sonderbedürfnissen zuliebe in der Ausführung dieser Prinzipien im Laufe der Jahrzehnte hie und da vorgenommen haben. Da aber, wie wir sogleich sehen werden, das Gesetz von 1862 in den meisten wesentlichen Stücken seinem Vorläufer von 1849 gefolgt ist[1]), so ergibt sich, daß in Österreich **diese der Ideenwelt des Revolutionsjahres von 1848 entsprungenen Ideen und Prinzipien es sind, die dauernd und unerschütterlich die Grundlage seiner Kommunalverfassung — und Verwaltung bilden.** Schon diese Tatsache läßt vermuten, daß die Ideen und Normen des Reichsgemeindegesetzes im innersten Zusammenhange stehen mit den politischen Kräften und den staatsrechtlichen Anschauungen, die über alle Verschiedenheiten der Nationen und Kronländer hinweg einen dauernden und gemeinsamen Besitz der österreichischen Völker vorstellen.

Eine kurze Prüfung der Normen des Reichsgesetzes von 1862 wird diese Annahme bestätigen und, wie ich

---

[1]) In einem und zwar wichtigen Punkte ist das Gesetz von 1862 über die Gemeindeordnung des Jahres 1849 hinausgegangen: indem es nämlich den natürlichen Wirkungskreis nicht bloß generell definiert sondern durch demonstrative Aufzählung seiner einzelnen Bestandteile wesentlich erweitert. Wie dies erst durch die Beratung des Regierungsentwurfes im Ausschusse des Abgeordnetenhauses zu Stande kam, schildert sehr anschaulich Brockhausen, Die österreichische Gemeindeordnung 1905 S. 16 ff. Vgl. ferner u. S. 28.

hoffe, auch die Erklärung dieser für das österreichische Staatsrecht und die österreichische Verwaltung fundamentalen Erscheinung geben.

II.

Die erste Frage, die nun zu beantworten ist, geht notwendigerweise dahin:

Welches sind die **charakteristischen Merkmale** der freien oder, wie der bei uns übliche Ausdruck lautet, der **autonomen österreichischen Gemeinde**?

Sie lassen sich vielleicht am besten kurz in folgende Thesen zusammenfassen:

1. Begriff der Gemeinde.

Die österreichische Gemeinde ist einheitlich und gleichmäßig organisiert für Stadt und Land. Die Grundgedanken der Kommunalverfassung sind aber auch dieselben in den Spezialverfassungen, die der Reichshauptstadt Wien, den Landeshauptstädten und einigen anderen zumeist größeren Stadtgemeinden, den sogenannten Statutarstädten, verliehen sind. In territorialer Hinsicht erscheint die österreichische Gemeinde nicht vom Staate als Verwaltungsbezirk eigenmächtig geschaffen, sondern als das regelmäßige Objekt der Gemeindeverfassung erscheint die sogenannte Ortsgemeinde, die auf der gegebenen Einheit der Katastralgemeinde beruhend in der Regel den historischen Siedlungsverhältnissen entspricht. Im übrigen ist zur Anpassung der territorialen Verhältnisse an neuere Bedürfnisse die

Vereinigung und Trennung von Gemeinden in deren freien Willen gestellt[1]).

2. Der Personenverein der Gemeinde.

Die aktive Gemeindebürgerschaft wird im Wesen aufgebaut auf die Leistung einer direkten Staatssteuer unter Anwendung eines sehr niedrigen Zensus. Dadurch wird der österreichischen Gemeinde der Charakter einer auf den breiten Schichten des städtischen Mittelstandes und der Bauernschaft aufgebauten Korporation gegeben. Die Vorschrift der Bildung von zwei oder drei Wählerklassen unter entsprechender Halbierung oder Drittelung der Gesamtsteuersumme gibt den vermögenden Elementen, sowie den liberalen Berufen dank dem sogenannten Kapazitätsvorrechte, das Staatsbeamte, Doktoren, Lehrer, Priester,

---

[1]) Bei diesem Rechtsvorgange der Trennung und Vereinigung von Gemeinden ist Konsens des Landtages, ein Landesgesetz notwendig: somit ist auch bei diesem wichtigen Akte die Entscheidung bei einem höheren zu Selbstgesetzgebung und Selbstverwaltung berufenen Verbande, nicht beim Staate. Theoretisch betrachtet hat es allerdings die Regierung in ihrer Hand, das vom Landtage beschlossene Gesetz nicht zur Sanktion vorzulegen, und damit scheint ihr doch die oberste Entscheidung vorbehalten. Die Kenntnis des lebendigen Staatsrechtes, das in Österreich ebenso in vielen Stücken ungeschrieben ist, wie in anderen Staaten, lehrt aber, daß eine solche Aktion der Regierung als landesverfassungswidrig zu betrachten wäre, wenn nicht ganz besondere — gewissermaßen „gesamtstaatliche" — Gründe vorhanden wären, die eine solche Lähmung des freien Verwaltungswillens der Länder rechtfertigen. Zur Begründung dieses Satzes müßte das wirklich geltende Recht der österreichischen Kronländer dargelegt werden: eine Aufgabe, die überhaupt bisher noch nicht in Angriff genommen worden ist.

pensionierte Offiziere usw. besitzen, eine gewisse Präponderanz zumindest im ersten oder im ersten und zweiten Wahlkörper der Städte. Die so gut wie vollständige Gleichstellung des Gutsbesitzes mit dem anderen steuerleistenden Besitz hinsichtlich der Kommunalverfassung sichert hingegen in den agrarischen Landgemeinden die vollständige Übermacht des bäuerlichen Elementes [1]).

3. Die Gemeindevertretung.

Die Bildung der Gemeindeorgane erfolgt ausschließlich durch freie Wahl seitens der Gemeindewahlberechtigten, also sämtlicher direkter Steuerzahler, sowie jener Gemeindeangehörigen, die eine besondere berufliche Qualifikation besitzen. Sowohl der Gemeindeausschuß als das beschließende Organ, wie auch die Exekutive der Gemeinde.

---

[1]) Für eine Anzahl von Kronländern, wie Böhmen, Mähren, Galizien, Bukowina, Schlesien, Kärnten ist nun das allerdings wichtige Privilegium der sogenannten Virilstimmen der Höchstbesteuerten im Gemeindeausschuß statuiert. Nach der mährischen Gemeindeordnung § 17 haben diese Virilstimmberechtigten nur das Recht, solchen Sitzungen des Gemeindeausschusses mit beratender Stimme beizuwohnen, in denen eine Verfügung über das Stammvermögen der Gemeinde beschlossen, der Voranschlag der Einnahmen und Ausgaben festgesetzt und die Jahresrechnung erledigt werden soll. Die böhmische Gemeindeordnung geht darin viel weiter: sie bestimmt in § 17 Abs. 1: „Jedes wahlberechtigte Gemeindemitglied, welches von den gesamten in der Gemeinde vorgeschriebenen direkten Steuern wenigstens ein Sechstel entrichtet, hat das Recht, auch ohne Wahl Mitglied des Gemeindeausschusses zu sein". Diese Mitglieder werden in die im § 14 festgesetzte Zahl der Ausschussmitglieder nicht eingerechnet.

der Gemeindevorstand und der Gemeindevorsteher oder Bürgermeister, werden ohne Hinzutun irgend eines anderen Faktors frei gewählt, letzterer aus der Mitte des bereits gewählten Gemeindeausschusses. Sowohl in Städten, wie in Landgemeinden fehlt jede Spur von derartigen Einrichtungen, wie es etwa die Magistratsverfassung in Preußen oder die Aldermen in den Städten Englands sind. Der Gemeindevorsteher oder Bürgermeister ist ausschließlich das freigewählte Haupt der Gemeinde, er bedarf keiner Bestätigung, keines Nachweises besonderer Berufsbildung oder Qualifikation und ist in der Versehung seines Amtes durchaus von dem Vertrauen der Mehrheit der Gemeindevertretung abhängig. Die politische Verantwortung vor seinen Wählern und nicht die — wie wir sehen werden — sehr beschränkte rechtliche Verantwortung vor der Staatsbehörde, sowie dem höheren autonomen Organe, dem Lande, gegenüber bildet den Schwerpunkt seiner Stellung.

4. Wirkungskreis der Gemeinde.

Die Funktionen der Gemeinde werden in einen zweifachen Wirkungskreis unterschieden, den sogenannten eigenen oder natürlichen und den übertragenen Wirkungskreis. Letzterer stellt die Summe der vom Staate widerruflich der **Gemeinde** — und nicht dem Gemeindevorsteher — übertragenen administrativen Aufgaben vor und ist mit der einzigen Ausnahme der vom Staate dem Gemeindevorstand übertragenen Polizei-Strafgerichtsbarkeit für das Wesen der Gemeinde ohne Belang. Die Eigenart der österreichischen Gemeinde spricht sich vielmehr in der gesetzlichen Definition des **eigenen** Wirkungskreises aus: diese lautet nach Artikel V:

„Der selbständige, das ist derjenige Wirkungskreis, in welchem die Gemeinde mit Beobachtung der bestehenden Reichs- und Landesgesetze **nach freier Selbstbestimmung anordnen und verfügen kann, umfaßt überhaupt alles, was das Interesse der Gemeinde zunächst berührt und innerhalb ihrer Grenzen durch ihre eigenen Kräfte besorgt und durchgeführt werden kann** ....." [1]).

Und nun werden in 12 Punkten demonstrativ die einzelnen Funktionen angeführt, die den eigenen Wirkungskreis der Gemeinde illustrieren, aber keineswegs erschöpfen: die freie Verwaltung des Gemeindevermögens und der auf den Gemeindeverband sich beziehenden Angelegenheiten, die Sorge für die Sicherheit der Person und des Eigentums, die Sorge für die Gemeindestraßen und den Verkehr in der Gemeinde, die Einflußnahme auf die Volksschulen und Errichtung von Mittelschulen, vor **allem aber die gesamte Ortspolizei**. Nur in einzelnen bedeutenden Städten, wie in Wien, Prag, Triest oder in Festungen, wie

---

[1]) Dieser selbständige Wirkungskreis ist seit der Dezemberverfassung von 1867 auch tatsächlich unentziehbar durch den Staat. Denn es bedurfte seither eines **Landesgesetzes** zur Abänderung der aus dem Artikel V. des Reichsgemeindegesetzes in alle Gemeindeordnungen der Kronländer übernommenen gleichlautenden Bestimmungen.

Pola ist ein Teil der Ortspolizei den Gemeinden abgenommen und besonderen Polizeidirektionen anvertraut[1]). In anderen selbst größeren Städten wie z. B. Brünn haben diese Polizeidirektionen bloß die Agenden der Staatspolizei, also die Aufsichtsbefugnisse, die aus dem Vereins- und Versammlungsrecht, dem Paßwesen, der Fremdenpolizei hervorgehen, während die Organisation und Leitung des Sicherheits-Wachdienstes in den Händen der Stadtgemeinde verblieben ist. Das aber sind, wie gesagt, nur streng umgrenzte Ausnahmen für wenige Städte.

Im übrigen ist die Ortspolizei in den Tausenden von Gemeinden in Österreich vollkommen der Gemeinde überantwortet. Damit erscheint der österreichischen Gemeinde so recht eigentlich die Befugnis zur Führung der gesamten inneren Verwaltung innerhalb des Gemeindegebietes gegeben — natürlich mit Ausnahme der Verwaltungsrechtspflege, sowie jener Verwaltungsagenden der Gewerbeverwaltung, der Sanitätspflege, des Veterinärwesens u. a. m., welche die betreffenden Gesetze ausdrücklich der staatlichen Bezirksbehörde vorbehalten haben[2]). Die österreichische

---

[1]) Diese Möglichkeit sieht das Reichsgemeindegesetz im letzten Absatz des Artikels V. vor.

[2]) In diesem entscheidenden Punkte zeigt sich der fundamentale Unterschied österreichischen und preußischen Gemeinderechtes, welch' letzteres die gesamte Ortspolizei den Gemeinden abgenommen und sie in verschiedenen Formen ausschließlich den Delegierten der staatlichen Zentralverwaltung vorbehalten hat, wie dies vor allem in den größeren Städten durch die Errichtung besonderer Polizeidirektionen zum Ausdruck kommt. Mit vollem Recht weist Preuss

Gemeinde hat also kraft der allgemeinen, ihr im Artikel V eingeräumten Befugnis eine generelle Kompetenz für ihre

---

in seinem Buche „Die Entwicklung des deutschen Städtewesens" Leipzig 1906, Seite 339 ff. darauf hin, daß sich gerade in diesem Punkte erweist, wie der Gedanke der Selbstverwaltung im österreichischen Gemeinderecht konsequent zu Ende gedacht und durchgeführt wird. Nur muß dieser gründliche und scharfsinnige Kenner moderner Selbstverwaltung es mir zugute halten, wenn ich den an bezeichneter Stelle seines Buches folgenden Nachsatz von der „zerfallenden Staatsbildung Österreichs, die das bloß dynastische Band nicht zusammenzuhalten vermag" ebenso bedaure als den weiter folgenden Satz, „daß keine kommunale Organisation gegen eine im öffentlichen Leben überhaupt etwa herrschende Schlamperei immun machen kann." In diesen beiden Sätzen sind Urteile über den österreichischen Staat und die österreichische Gemeindeverwaltung gegeben, wie sie ein Österreicher ruhig vorübergehen läßt, wenn sie etwa als oberflächliche Äußerungen eines ausländischen Reisenden vernehmbar werden, dem man seine Unkenntnis der Dinge in verbindlicher Weise verzeiht, Urteile, die man aber von einem so hervorragenden Denker und Staatslehrer wie Hugo Preuss zu hören nicht erwartet, zumal nicht in so unbegründeter Weise inmitten einer seiner vortrefflichen wissenschaftlichen Arbeiten. Solche Urteile besagen natürlich nichts gegen die Festigkeit des österreichischen Staatsverbandes oder gegen die Tüchtigkeit unserer Gemeindeverwaltung: sie beweisen vielmehr nur, daß auch die besten unter unseren deutschen Fachgenossen im Reiche die tatsächlichen Rechts- und Verwaltungszustände Österreichs nur allzu rasch zu verurteilen bereit sind. Zu erörtern, wie viel an einer so bedauernswerten und leider nicht seltenen Erscheinung gerade wir Österreicher selbst schuld sind durch unsere traditionelle übermäßige Selbstkritik, durch gewisse Eigentümlichkeiten in der Bildung unserer öffentlichen Meinung, wie endlich auch durch eine altererbte österreichische Schwachmütigkeit in der Abwehr ungerechtfertigter ausländischer Urteile, alles das zu erörtern, würde hier selbstverständlich viel zu weit führen. Darum sollte aber eine solche über den österreichischen Staat und die österreichischen Gemeinden nur allzu leichthin aburteilende Äußerung eines gerade von mir besonders hochgeschätzten deutschen Fachgenossen hier nicht ohne Widerspruch gelassen und das Bedauern darüber nicht unterdrückt werden.

Verwaltung, wie sie die Gemeinde in keinem anderen Staate besitzt. Schon darin prägt sich die Anschauung aus, die der österreichischen Verfassung eigentümlich ist, die in der Gemeinde gerade so wie im Staate einen unmittelbar auf den fundamentalen gesellschaftlichen Tatsachen ursprünglich erwachsenen Verband erblickt, der sein eigenes vom Staate unverkümmertes Lebensrecht besitzt und darum seine eigene freie Willensphäre haben muß, die nur an zwei Schranken gebunden ist: einmal an die Verfassungs-, Staats- und Landesgesetze, soweit diese der freien Willensbetätigung der Gemeinden ein bestimmtes Verbot oder Gebot entgegenstellen, und zweitens an die natürlichen Schranken, die in den Kräften der Gemeinde liegen. Beide sind eben im Grunde nichts anderes als die im **Rechtsstaat dem freien Willen des Individuums überhaupt gezogenen Schranken.**

5. Gemeindeverwaltung.

Die Führung der Gemeindeverwaltung liegt ausschließlich im freien Willen und Beschluß der Gemeindevertretung, des Gemeindeausschusses, sowie in den darauf beruhenden Vollzugshandlungen des freigewählten Gemeindevorstandes. Nur in der Vermögensverwaltung ist bei Auflegung selbständiger Steuern oder Erhöhung der die Hauptquelle des zwangswirtschaftlichen Einkommens der Gemeinde bildenden Zuschläge zu den direkten oder indirekten Staatssteuern über eine bestimmte sehr niedrige Grenze hinaus Konsens notwendig. Aber dieser Konsens wird nicht vom Staate, sondern von dem nächst höheren autonomen Verwaltungskörper, dem Landtage, oder von dessen Exekutivorgan, dem Landesausschusse, erteilt.[1])

6. Gemeindebeamte.

Die Gemeindebeamten sind ausschließlich Hilfsorgane des Gemeindevorstehers. Sie stehen zu der Gemeinde nur in einem privatrechtlichen Verhältnisse, sofern nicht ein Landesgesetz in neuerer Zeit dieses Verhältnis anders normiert hat[2]). Aber auch dann besteht letzteres nur zwischen der Gemeinde und den Beamten. Es gibt keinerlei mittelbares oder unmittelbares Verpflichtungsverhältnis zwischen den Gemeindebeamten und der Staatsverwaltung: sie sind den Staatsbehörden sozusagen rechtlich unbekannt.

7. Oberaufsicht.

Die Gemeindeverwaltung unterliegt im ganzen Bereiche des selbständigen Wirkungskreises, also in allen wesentlichen Stücken ihrer Verwaltung, keinerlei Beaufsichtigung seitens irgend einer Oberinstanz mit Ausnahme der Verwaltung des Gemeindegutes und Gemeindevermögens. Hinsichtlich dieser ist Konsens der autonomen Oberinstanz zu solchen vermögensrechtlichen Akten notwendig, welche

---

[1]) Dort wo sich Bezirksvertretungen zwischen Land und Gemeinde einschieben, wie in Böhmen, Galizien, Steiermark, von den Bezirksvertretungen.
[2]) Vgl. das für das Königreich Böhmen erlassene Landesgesetz vom 29. Mai 1908, L.G.Bl. Nr. 35.

Veräußerung, Verpfändung oder dauernde Belastung des Gemeinde-Stammvermögens oder die Aufnahme von Darlehen betreffen. Wohl aber ist im ganzen Umfange des selbständigen Wirkungskreises die Tätigkeit der Gemeindevertretung einem Eingreifen von oben her insofern ausgesetzt, als der Obergemeinde, nämlich dem Bezirke oder Lande vermittelst des Bezirks- oder Landesausschusses die Entscheidung zusteht über die Berufung gegen Beschlüsse des Gemeindeausschusses innerhalb des selbständigen Wirkungskreises. Jedoch ist wohl zu merken: Dieses Eingreifen der autonomen Oberinstanz erfolgt nur auf Berufung (und zwar innerhalb der Fallfrist von vierzehn Tagen nach Fassung des Beschlusses), somit nur dann, wenn gegen einen Beschluß der Gemeindevertretung die Verletzung öffentlicher Interessen Einzelner oder vermeintlicher Gemeindeinteressen behauptet wird. So weitgehend nun dieses Recht erscheint, so darf es andrerseits nicht so verstanden werden, als ob das Grundrecht der österreichischen Gemeinde — die freie Selbstbestimmung innerhalb des selbständigen Wirkungskreises — dadurch verkürzt oder gar beseitigt werden sollte.[1]

---

[1] Der Artikel 18 des Reichsgemeindegesetzes, der diese Kompetenz festsetzt, ist in sämtliche Gemeindeordnungen aufgenommen worden und zwar meistens in der Form, wie sie z. B. § 98 der mährischen Gemeindeordnung gibt. Dieser Paragraph lautet: „Die Bezirksvertretung, und soweit sie es dem Bezirksausschusse überträgt, dieser entscheidet über die Berufung gegen Beschlüsse des Gemeindeausschusses in allen, der Gemeinde nicht vom Staate übertragenen Angelegenheiten. Die Berufung ist binnen vierzehn Tagen,

Schon die Beschränkung des Eingreifens der Obergemeinde auf den Fall der Berufung zeigt ja, daß dieses Selbstbestimmungsrecht der Gemeinde nicht fortlaufender Oberaufsicht, sondern nur hinsichtlich bestimmter Interessen einzelner Gemeindemitglieder oder vermeintlicher von einzelnen Gemeindemitgliedern verfochtener Interessen der Gemeinde der Überprüfung durch die autonome Oberinstanz unterworfen sein soll.

Hiervon abgesehen ist also die Gemeindeverwaltung im selbständigen Wirkungskreise nicht nur frei von jeder Oberaufsicht des Kronlandes und seines Exekutivorganes, des Landesausschusses, sondern, was das Wichtigste ist. völlig frei von jeglicher Staatsaufsicht. Letztere findet prinzipiell nur in einem Punkte statt: nämlich darin, daß

---

vom Tage der Kundmachung des Beschlusses oder der Verständigung von demselben, beim Gemeindevorsteher zur weiteren Vorlage an den Bezirksausschuss einzubringen."

Diese Berufungsinstanz der Landes- und Bezirksbehörde ist nicht auf die Wahrung des Gesetzes beschränkt, sondern ergreift das Wesen des betreffenden Beschlusses und setzt eventuell an die Stelle des freien Ermessens der Gemeinde das freie Ermessen des Bezirks- oder Landesausschusses. Über die grossen Mängel dieser ganzen autonomen Berufungsinstanz, vgl. die treffenden Ausführungen Brockhausens in seiner Schrift „Die österreichische Gemeindeordnung", Wien 1907, S. 207 ff. Die im Texte ausgesprochene Ansicht kann hier nicht näher juristisch begründet werden. Sicherlich gehört aber diese Bestimmung zu den unklarsten Normen unserer Gemeindeordnung und bedeutet unleugbar einen unorganischen Bestandteil in dem Gedankensysteme kommunaler Autonomie. Wie auch in diesem Falle die Praxis dahin gewirkt hat, diese die Autonomie der Gemeinde einengende Bestimmung wesentlich abzuschwächen, darüber vgl. unten S. 56 ff.

die Gemeinden ihren Wirkungskreis nicht überschreiten und nicht gegen die bestehenden Gesetze vorgehen.[1]) In diesem Falle gewähren die einzelnen Gemeindeordnungen den Staatsbehörden das Recht, die Vollziehung von **Beschlüssen der Gemeinde, die ein Gesetz verletzen**, zu sistieren.

Was die Tätigkeit des Gemeindevorstandes, also die eigentliche Gemeindeverwaltung betrifft, so findet eine Aufsicht hinsichtlich des selbständigen Wirkungskreises dem ganzen Gedankengange der Autonomie der Gemeinde entsprechend nicht statt. Im übrigen ist die Willensbildung der Gemeinde vollständig frei. Eine weitere Ingerenz des Staates hinsichtlich der Gemeindeverwaltung findet nur statt gegenüber Verfügungen des Gemeindevorstandes und zwar unbedingt nur in dem, wie wir wissen, eng eingehegten übertragenen Wirkungskreise. In dem selbständigen Wirkungskreise, der eigentlichen Domäne der kommunalen Verwaltungstätigkeit, steht dem Staate nur dann gegenüber Verwaltungsakten des Gemeinde vorstandes die Möglichkeit des Eingreifens zu, wenn gegen solche innerhalb offener Frist seitens der durch den kommunalen Verwaltungsakt berührten Interessenten Beschwerden wegen Verletzung eines Gesetzes eingebracht werden; vorausgesetzt, daß diesen Beschwerden nicht ein Beschluß des Gemeindeausschusses zu Grunde liegt, denn in diesem Falle ist, wie oben auseinandergesetzt, nur die Möglichkeit

---

[1]) Vergl. Art. XIV. des Reichsgemeindegesetzes.

der Berufung an die Obergemeinde, den Bezirks- oder Landesausschuß, gegeben[1]). Die völlige Freiheit der eigentlichen Gemeindeverwaltung drückt sich ferner aus in der disziplinären Stellung der Gemeindeorgane gegenüber den Staatsbehörden. Disziplinäre Maßregeln gegen den Gemeindevorsteher sind gesetzlich nur zugelassen bei Verfehlungen des Gemeindevorstehers innerhalb des übertragenen Wirkungskreises[2]). In diesem Falle kann der Staat abgesehen von Ordnungsstrafen auch die Befugnisse des übertragenen Wirkungskreises der Gemeinde überhaupt entziehen und ihre Ausübung einem selbständigen staatlichen Organe auf Kosten der Gemeinde übertragen. Eine Amtsentsetzung des Gemeindevorstehers kann aber nur im Einvernehmen der Staatsbehörden mit der oberen autonomen Instanz, dem Landesausschusse, erfolgen.[3])

[1]) Brockhausen weist a. a. O. S. 74 ff. darauf hin, daß durch diese Bestimmung vor allem die Ausübung der Ortspolizei durch die Gemeinde mittelst des Rekursweges dem Staate unterworfen sein soll. Diese Anschauung trifft gewiß zu. Dennoch sind auch da Fälle denkbar, in welchen durch vorgängige Normierung der betreffenden Verwaltungsaufgaben durch Beschlüsse der Gemeinde die Berufung vom Staate hinweg an die autonome Obergemeinde geleitet werden kann.

[2]) Vergl. z. B. § 105 der mährischen Gemeindeordnung: „Die politische Bezirksbehörde ist berechtigt, Gemeindevorsteher, welche Pflichten in den Geschäften des übertragenen Wirkungskreises verletzen, mit Ordnungsstrafen im Gelde zu belegen.

[3]) Der Landesausschuß — das muß für diejenigen, die die österreichische Verwaltung nicht kennen, besonders gesagt werden — ist eine vom Landtage aus seiner Mitte völlig freigewählte permanente Verwaltungskommission und untersteht weder irgend einer Provinzial-Staatsbehörde, noch auch der Regierung. Dasselbe gilt

Gegen die Gemeindevertretung als solche steht der Staatsverwaltung keinerlei disziplinäre Maßregel zu. Die Staatsverwaltung besitzt als Strafmaßregel das einzige Mittel der Auflösung der Gemeindevertretung, der binnen sechs Wochen die Ausschreibung der Neuwahlen folgen muß[1]). In der Zwischenzeit findet eine suppletorische Gemeindeverwaltung durch ein delegiertes Organ der staatlichen Behörde statt.

8. Tutel über die Gemeindeverwaltung.

Eine **Tutel über die Gemeindeverwaltung hinsichtlich der Zweckmäßigkeit** und finanziellen Tragweite ihrer Beschlüsse und Verwaltungsakte (quoad bonum et utile wie die alten Kameralisten sagten) seitens des Staates und Landes[2]) findet nicht statt. Ebensowenig kommt dem Staate irgend eine initiatorische Tätigkeit hinsichtlich der Gemeindeverwaltung zu. Ob eine österreichische Gemeinde diesen oder jenen Zweig des selbstständigen Wirkungskreises mehr oder minder oder gar nicht pflegt und wie sie ihn pflegt, hat die Staatsverwaltungsbehörden und die Regierung nicht im geringsten zu kümmern.

---

vom Bezirksausschusse in jenen Kronländern, in denen die Bezirksvertretungen tatsächlich bestehen, nämlich in Böhmen, Galizien und Steiermark.

[1]) Art XVI. Reichsgemeindegesetz vom 5. März 1862.

[2]) Seitens des Bezirks- oder Landesausschusses findet zwar keine fortlaufende Tutel über die Gemeindeverwaltung statt, wohl aber steht ihr eine Beschränkung des freien Ermessens der Gemeinde im Wege spezieller Berufung zu, wie oben auseinandergesetzt wurde.

9. Autonomie.

Der Gemeinde steht endlich auch die **Autonomie** im wissenschaftlichen Sinne dieses Wortes zu, das heißt die Berechtigung, allgemein rechtskräftige Normen innerhalb des ihr zustehenden Wirkungskreises vornehmlich zum Zwecke der Durchführung der Ortspolizei zu beschließen, und ferner steht es ihr auch frei, zur Verwirklichung dieser Vorschriften, die ihr prinzipiell eingeräumte Strafgewalt innerhalb der gesetzlichen Grenzen durch den Gemeindevorstand auszuüben.

Das sind die Einrichtungen und Rechtssätze, mittelst welcher das Prinzip der freien Gemeinde in Österreich durchgeführt wird. Zur Vollendung des Bildes erscheint es aber wohl unerläßlich, einen Blick auf das städtische Sonderrecht zu werfen, wie es in den sogenannten **Städtestatuten** enthalten ist. Diese besonderen Städteverfassungen, durchweg auf Landesgesetzen beruhend, betreffen 33 Städte, bei deren Auswahl kein strenges Prinzip obwaltet. Es sind zwar alle Landeshauptstädte darin inbegriffen, aber es sind keineswegs auch nur alle größeren österreichischen Städte darin enthalten. So besitzen z. B. Iglau mit 24000 Einwohnern, Kremsier und Ungarisch-Hradisch, kleine agrarische Landstädte von 8 und 5000 Einwohnern, und ein Industrialort von eben solcher Größe, wie etwa Friedek in Schlesien ein besonderes Statut, während es z. B. Pilsen und Aussig, zwei der größten österreichischen Industriezentren, fehlt. Die Organisationsgedanken der Gemeindeverfassung in diesen Städten sind nun, wie schon hervorgehoben, dieselben wie die der allgemeinen Gemeindeordnung. Der Personenverein der Gemeinde, die Bildung der Gemeindeorgane, die Ausdehnung des selbständigen Wirkungskreises, die Grundsätze bezüglich der Vermögensverwaltung, alles das ist prinzipiell hier genau so geordnet wie in der Gemeindeordnung.

Die Statuten der einzelnen Statutarstädte variieren natürlich in der Durchführung dieser Prinzipien selbst wieder vielfach, wie dies ja auch schon bei den außerordentlichen Größenunterschieden begreiflich ist. Diese Variationen erstrecken sich nach dem gegenwärtigen Rechte hauptsächlich auf **zwei Punkte**:

Erstens auf das **Gemeindewahlrecht**, durch welches der Kreis der aktiven Bürgerschaft festgesetzt wird, und zweitens auf die **Organisation** der Gemeindeverwaltung und Gemeindevertretung. Hierbei handelt es sich in den größeren Städten vor allem um die Lösung des Problems, wie neben dem gewöhnlich Gemeindeausschuß, Gemeinderat oder Stadtverordnetenkollegium genannten Repräsentativkörper der Gemeinde eine engere Versammlung gebildet werden soll, die einen großen Teil der Geschäftslast der Gemeinde, deren Beratung ein großes Kollegium allzusehr beschweren würde, diesem abzunehmen hat. Dieser engere Körper, gewöhnlich Stadtrat genannt, wird nun in verschiedenartiger Weise gebildet. Es lassen sich hierbei hauptsächlich zwei Typen unterscheiden. Die eine besteht darin, daß das Stadtparlament, der Gemeinderat aus sich selbst Kommissionen für einzelne große Zweige der Verwaltung wählt (so im älteren Statute der Stadt Wien, heute noch in Innsbruck); sodann die neuere Form, wonach ein ständiger, aus dem Gemeinderate selbst durch Wahl gebildeter engerer Körper, Stadtrat genannt, gewählt wird. Letzterer Modus hat den Vorzug, daß durch ihn die laufenden Gemeindegeschäfte mit Ausnahme der wichtigen und grundsätzlicher Beschlußfassung bedürftigen Angelegenheiten sogleich erledigt werden und nicht vor den Gemeinderat kommen, während bei der Bildung einer engeren Körperschaft vermittelst Wahl von Kommissionen die endgültige Bestätigung durch das Plenum des Gemeinderates wenigstens formal notwendig ist[1]).

Zur vollen Verdeutlichung sei das Beispiel der Reichshauptstadt angeführt. Nach der geltenden Gemeindeordnung besteht in Wien ein nach vier Wahlkörpern gewählter Gemeinderat von 165 Mitgliedern, der selbst wieder einen **Stadtrat** von 27 Mitgliedern erwählt. Dieser ist das beschließende Organ der Gemeinde in allen Angelegenheiten des selbständigen Wirkungskreises, welche nicht dem Gemeinderate vorbehalten, Ausschüssen überwiesen

---

[1]) Die englische Städteverwaltung durch Komitees zeigt die vollendete Ausbildung dieser Art von Verwaltung durch zahlreiche delegierte Sonderausschüsse. Vergleiche meine „Englische Lokalverwaltung". Leipzig 1901. Seite 312 ff.

oder dem Magistrate übertragen sind. Der Stadtrat ernennt alle Beamten und sonstigen Angestellten der Gemeinde über Vorschlag des Magistrates, ohne an diesen gebunden zu sein und übt das Präsentationsrecht rücksichtlich aller Lehrstellen an kommunalen Schulen aus. Er entscheidet über die Versetzung in den Ruhestand und über die Entlassung der Angestellten der Gemeinde. Der Stadtrat hat ferner bei allen der Entscheidung des Gemeinderates vorbehaltenen Gegenständen die Vorberatung zu pflegen und die Anträge im Gemeinderate zu stellen. Er übt die Aufsicht aus über die Vermögensverwaltung des Magistrates und der sonstigen Gemeindeämter und Gemeindeanstalten, er faßt Beschlüsse über das Gemeindevermögen, das Einkommen und die Sicherstellung der Bedürfnisse der Gemeinde, sofern es sich nicht um Gegenstände handelt, welche der Beschlußfassung des Gemeinderates vorbehalten oder anderen Gemeindeorganen zugewiesen sind. Er hat sich bei Bewilligung der Auslagen an die Ansätze des Voranschlages zu halten, kann jedoch auch nicht präliminierte Auslagen bis 20000 Kronen ohne Bewilligung des Gemeinderates und in Fällen äußerster Dringlichkeit selbst darüber hinaus gegen nachträgliche Genehmigung des Gemeinderates bewilligen [1]).

Außerdem gibt es zumeist in den älteren Statuten, wie z. B. auch noch in dem revidierten Statute der Landes-

---

[1]) Vergl. Dr. Vogler in den Schriften des Vereines für Sozialpolitik, Band 122, Seite 16.

hauptstadt Brünn, die Besonderheit, daß der Stadtrat nicht bloß als ein engeres beschließendes Kollegium gedacht ist, sondern auch zugleich das Exekutivorgan der Gemeinde vorstellt. In diesen Fällen haben die Vorstände der Departements der Gemeindeämter als sogenannte besoldete Stadträte Sitz und Stimme in diesem Kollegium.

Ungeachtet aller dieser Variationen ist der politische und rechtliche Grundplan dieser sämtlichen Stadtverfassungen wesensgleich mit dem der Gemeindeordnung. Der eigentliche Unterschied zwischen den Statutarstädten und den übrigen Gemeinden ist nämlich überhaupt kein gemeinderechtlicher, sondern er liegt in der Besonderheit der Rechtsstellung der Statutarstädte, einmal zur inneren Verwaltung des Staates im Kronlande, zweitens zu der vom letzteren geführten autonomen Verwaltung. Diese Städte sind nämlich, wie dies treffend ausgedrückt worden ist, Städte mit landesunmittelbarer Stellung, das heißt: sie unterstehen, was die autonome oder kommunale Oberinstanz betrifft, dort, wo es Zwischenglieder zwischen dem Kronlande und der Gemeinde gibt, wie z. B. die Bezirksvertretungen in Böhmen, Steiermark und Galizien, hinsichtlich der Aufsicht über die Vermögensverwaltung, Anlehenwirtschaft und Steuern unmittelbar dem Landtage respektive dem Landesausschusse[1]).

---

[1]) Prinzipiell sind nach einer Entscheidung des Verwaltungsgerichtshofes (E. vom 9. März 1881, Z. 450) auch die Statutarstädte dem Landesausschusse als Berufungsinstanz im Sinne des Art. XVIII

Weiter aber ist diese Landesunmittelbarkeit auch durchgeführt hinsichtlich der staatlichen Behörden der inneren Verwaltung im einzelnen Kronlande. Das heißt: Während sonst die dem Staate zustehende Oberinstanz in Betreff der Gesetzlichkeit der Verwaltung der Gemeinde durch die Bezirksbehörde geübt wird, sind die Statutarstädte unmittelbar unter die Landesregierung oder Statthalterei — d. i. die staatliche Provinzbehörde — gestellt. Drittens aber — und das ist das Außerordentliche in der Stellung dieser Städte zur Staatsverwaltung — sind diese Städte, was die Lokalverwaltung und erstinstanzliche Verwaltungsrechtspflege des Staates betrifft, vollständig aus dem System der inneren Verwaltung des Staates herausgehoben, indem für das städtische Territorium die Verwaltungsbefugnis der Bezirkshauptmannschaft aufgehoben erscheint, und die ganze Summe dieser sonst überall den staatlichen Bezirksverwaltungsbehörden zustehenden administrativen Befugnisse hier den Städten selbst verliehen ist. Das heißt soviel als daß diese Kommunen einen besonderen außerordentlich erweiterten übertragenen Wirkungskreis besitzen. In diesen Städten sind also den Kommunalämtern nicht nur jene Funktionen auf Grund einzelner Gesetze überwiesen, wie sie allen anderen Gemeinden überwiesen sind, sondern

---

des Reichsgemeindegesetzes untergeordnet, ohne daß es hiezu spezieller legislativer Akte der Landesgesetzgebung bedürfte. Die neueren Landesgesetze haben aber diese Oberinstanz wiederholt beseitigt; so z. B. Wiener Gemeindestatut § 66, ferner das neue Gemeindestatut von Brünn.

überdies die gesamte staatliche Tätigkeit der inneren Verwaltung in dem Ausmaße der Kompetenz, wie sie die Bezirksbehörde (Bezirkshauptmannschaft genannt) sonst besitzt. Mit anderen Worten: für das Stadtgebiet einer Statutargemeinde ist der Bürgermeister als Haupt der ihm unterstehenden Kommunalverwaltung der Chef der, wie wir es in Österreich nennen, politischen Verwaltungsbehörde erster Instanz. Die Statutargemeinden erscheinen also aus der territorialen Organisation der inneren Verwaltung innerhalb der einzelnen Kronländer völlig eximiert. An Stelle der letzteren fungiert auf dem Stadtgebiete der Bürgermeister mit Hilfe der Kommunalämter als politische Behörde erster Instanz.

Nach dem Gesagten ist es selbstverständlich, daß die Kommunalämter in den Statutarstädten eine ganz besondere Bedeutung besitzen. Sie sind in Wien, wie in sämtlichen Landeshauptstädten, gewöhnlich in der Form organisiert, daß die gesamte Gemeindeverwaltung von einem sogenannten Magistrat besorgt wird, dessen oberster Chef gleichfalls der Bürgermeister ist. Der Magistrat nach österreichischem Rechte ist keineswegs aber etwa mit der preußischen Institution dieses Namens zu verwechseln, sondern er ist nichts anderes als der Inbegriff sämtlicher, ausschließlich von der Gemeinde frei nach ihrem Belieben angestellter Beamter, die infolge des großen Umfanges der Verwaltung in den Statutarstädten selbstverständlich nach gewissen Zweigen in Departements verteilt sind. Als oberster Beamter fungiert z. B. in Wien der Magistratsdirektor, der aber ebenso wie alle anderen Beamten dem Bürgermeister als dem Chef der gesamten Gemeindeverwaltung untersteht. Da nun die Kommunalämter in den Statutarstädten zur Besorgung des hier so mächtig erweiterten übertragenen Wirkungskreises berufen, somit dazu bestellt sind, die gesamten Geschäfte der politischen Behörde erster Instanz innerhalb des Stadtgebietes zu besorgen, so müssen selbstverständlich alle Beamten, die in diesem übertragenen Wirkungskreise tätig sind, jene Qualifikationen besitzen und jene Bedingungen erfüllen, die der Staat für seine eigenen Verwaltungsbeamten vorschreibt. Demgemäß sind sämtliche Beamte, welche diese Verwaltungsgeschäfte des übertragenen Wirkungskreises zu führen haben, rechtskundig und müssen überdies die sogenannte politische Prüfung abgelegt haben, deren Voraussetzung eine dreijährige Praxis bei einer staatlichen Verwaltungsbehörde oder bei einem solchen städtischen Magistrat ist. Ebenso müssen die Beamten der einzelnen technischen Branchen die für die staatlichen Beamten dieser Kategorie vorgeschriebene Qualifikation besitzen, so die Beamten des städtischen Bauamtes, des Stadtphysikates usw. Doch ist auch in diesen Statutarstädten trotz der so großen Erweiterung des Begriffes der Kommunalämter und der bedeutenden ihnen delegierten staatlichen Aufgaben der allgemeine Grundsatz des österreichischen Gemeinderechtes über die Stellung der Gemeindebeamten unverbrüchlich aufrecht erhalten. Auch sie sind einzig und allein von der Gemeinde angestellt und vom untersten Diener bis zum Magistratsdirektor, vom jüngsten Bauassistenten bis zum städtischen Baudirektor ausschließlich dem Bürgermeister untergeordnet.

Auch hier möchte ich kurz einige Daten über die Wiener Gemeindeverwaltung anführen, um die Stellung des Magistrates oder der Kommunalämter in der größten aller österreichischen Statutarstädte klar zu machen.

„Nach der Wiener Gemeindeordnung ist der Magistrat das Exekutivorgan der Gemeinde. Ihm obliegt die unmittelbare Verwaltung des Vermögens der Gemeinde, der Fonds und Stiftungen, die Verfassung der Jahresberechnungen, die Erstattung von Vorschlägen an den Stadtrat über Ernennung und Beförderung von Beamten und Angestellten. Gewisse geringfügigere Verwaltungsangelegenheiten sind ihm zur selbständigen Erledigung zugewiesen.

Der Magistrat handhabt weiter die Lokalpolizei in der Gemeinde (soweit dieselbe nicht der staatlichen Sicherheitsbehörde zugewiesen ist), und es steht ihm das Recht zu, in diesen Angelegenheiten allgemeine Anordnungen und Verbote zu erlassen und Geldstrafen bis zu 400 Kronen oder Arreststrafen bis zu 14 Tagen für deren Übertretung festzusetzen.

Der Magistrat fungiert weiter als politische Behörde erster Instanz. Zum Zwecke der Geschäftsvereinfachung besteht in jedem Bezirke ein Magistratisches Bezirksamt" . . . . .

„Die Erledigung der nicht den Bezirksämtern zugewiesenen Geschäfte des Magistrates erfolgt entweder durch einzelne Magistratsreferenten, oder durch das Gremium der Magistratsräte oder durch kleinere Abteilungen des Magistrates (Senate).

Der Magistrat besteht aus besoldeten, auf Lebenszeit ernannten Beamten. Die Konzepts-, technischen, Sanitäts-, Veterinär-, dann Kasse- und Buchhaltungsbeamten des Magistrates müssen zur diesfälligen Geschäftsführung nach den für Staatsbedienstete des bezüglichen Dienstzweiges geltenden Vorschriften befähigt sein. . . . . . . Alle Beamten werden beeidet, es besteht für sie eine Dienstpragmatik. Die Entlassung definitiver Beamten kann nur nach durchgeführtem Disziplinarverfahren erfolgen.

Die Beamten sind — mit Ausnahme einiger weniger — in 8 Rangklassen eingeteilt. Von 2086 definitiv angestellten Beamten waren 1907 in der Rangklasse

I	II	III	IV	V	VI	VII	VIII
1	6	76	147	292	461	679	424

zusammen 2086 Beamte. Die Anzahl der Praktikanten betrug überdies 348, die der Diurnisten 463 [1]).

„Die Beamten sind pensionsberechtigt. Nebenbeschäftigungen sind ihnen gestattet, soweit sich dieselben mit der Amtsführung der Beamten vertragen . . . . . . Ehrenbeamte im Magistrat, wie sie in Deutschland existieren, gibt es in Wien nicht [2])."

Schon aus den bisherigen Ausführungen ergibt sich, daß die Stellung des am meisten hervortretenden Organs

---

[1]) Vgl. Statistisches Jahrbuch der Stadt Wien für das Jahr 1907, Seite 130. Die Zahl der Beamten der städtischen Unternehmungen ist natürlich in die obigen Zahlen nicht inbegriffen.
[2]) Dr. Ludwig Vogler, „Wien" in der Schrift: „Verfassung und Verwaltungsorganisation der Städte", VI. Band, Schriften des Vereins für Sozialpolitik. Bd. 122.

in der Gemeinde, daß die Stellung des Bürgermeisters in den Statutarstädten rechtlich genau dieselbe ist, wie die des Gemeindevorstehers nach der allgemeinen Gemeindeordnung. In der Tat ist sie im Zusammenhange mit der Größe und der Ausdehnung der Verwaltung dieser Städte überall noch durch das spezielle Statut wesentlich gesteigert. Nur in einem Punkte besteht formell ein wesentlicher Unterschied, indem die erfolgte Wahl des Bürgermeisters einer Stadt mit eigenem Statut der kaiserlichen Bestätigung bedarf. Aber auch diese, natürlich von dem Ministerium unter seiner Verantwortung geübte Befugnis hat nicht den Zweck, die Freiheit der Wahl des Gemeindeoberhauptes einer Statutarstadt zu beschränken. Das lebendige österreichische Staatsrecht, dessen Praxis die Institution der Gemeindeautonomie als einen Eckstein der Verfassung anerkennt und weiter befestigt und ausgebildet hat, läßt eine solche Anwendung überhaupt nicht zu. Keineswegs kann dieses kaiserliche Recht so verstanden werden, als ob es der Regierung etwa eine Handhabe bieten sollte, Personen, die einer der Regierung oppositionellen Partei angehören, von dem Amte eines Bürgermeisters fernzuhalten. Nichts wäre irriger als die Annahme, daß in Österreich dieses Bestätigungsrecht betreffs der Bürgermeister der sogenannten autonomen Städte etwa so verstanden und geübt würde, wie in Preußen die Ernennung von Bürgermeistern und die Bestätigung von gewählten Magistratsmitgliedern. Fehlt ja doch bei uns die Voraussetzung einer solchen Praxis, nämlich die Auffassung, daß der

Bürgermeister als Amtsperson den Regierungsbehörden untergeordnet sei, vollständig[1]). Ganz im Gegenteil ist der Bürgermeister der österreichischen Statutarstadt immer in erster Linie eine politisch scharf markierte, einer bestimmten Partei innerhalb seines Volkes angehörige Persönlichkeit; und die Gemeindewahlen werden fast überall als Kämpfe der politischen Parteien durchgeführt. Längst hat nun die österreichische Regierung es aufgegeben, hier etwa Unterscheidungen vorzunehmen und analog ähnlichen Vorgängen in anderen Staaten die Bestätigung von Angehörigen gewisser Parteien im Falle ihrer Erwählung zum Bürgermeisteramte prinzipiell zu versagen. In der Tat werden daher diese Wahlen fast ausnahmslos bestätigt. Der wichtige Ausnahmsfall, der mit der Nichtbestätigung Dr. Luegers gegeben war, als die christlich-soziale Partei in Wien zum erstenmal die Mehrheit im Gemeinderate erlangt und ihren Führer zum Stadtoberhaupt erwählt hatte, hat durch seine weitere Entwicklung der Dinge nur dahin gewirkt, die Regel, die die Praxis des österreichischen Staatsrechtes hier ausgebildet hat, nämlich die Anerkennung der vollen Freiheit in der Erwählung des Bürgermeisters auch in den Statutarstädten zu bestärken und zu sichern. Nur als ein mit ganz besonderer Vorsicht von der Regierung auszuübendes Recht der Aufsicht darüber, daß eine, wenn

---

[1]) Nur für seine Amtshandlungen bezüglich des übertragenen Wirkungskreises und insbesondere auch des Wirkungskreises der Gemeinde als politische Behörde ist der Bürgermeister der Regierung verantwortlich. Vgl. z. B. Wiener Gemeindestatut § 89.

auch nicht rechtlich, so doch tatsächlich absolut unwürdige Persönlichkeit vom Amte des Bürgermeisters einer Statutarstadt ferngehalten werde, kann diese Befugnis verstanden werden.

Es kann überdies nicht scharf genug betont werden, daß die Bürgermeister unserer grossen Städte auch in ihrer ganzen Stellung wirklich sehr ansehnliche Figuren im Staate und meist führende Persönlichkeiten im politischen Leben der Nation sind, der sie angehören. Der Bürgermeister von Wien ist wohl auch hier das beste weithin sichtbare und belehrendste Beispiel. „Er nimmt nach dem Statute der Stadt in der Gemeinde eine plenipotente Stellung ein. Er steht an der Spitze des Gemeinderates, des Stadtrates und des Magistrates, ihm sind die sämtlichen Beamten, Diener und sonstigen Angestellten der Gemeinde untergeordnet, und es steht ihm nach Maßgabe der Dienstpragmatik über dieselben das Disziplinarrecht zu. Der Bürgermeister kann jedes Geschäft, welches nach ordnungsmässigem Geschäftsgange von einem Magistratsreferenten, dem Gremium der Magistratsräte oder den Senaten des Magistrates zu erledigen ist, an sich ziehen und unter eigener Verantwortung selbst erledigen; es steht ihm auch in allen Fällen das Recht zu, die Beschlüsse des Gremiums der Magistratsräte oder der Senate zu sistieren und den Gegenstand unter seiner eigenen Verantwortung zu erledigen. Sämtliche Beamte und Diener und sonstigen Angestellten der Gemeinde haben sich den Weisungen, welche sie vom Bürgermeister erhalten, unter seiner Verantwortlichkeit zu fügen. Der Bürgermeister ist auch Vorsitzender des Bezirksschulrates. — Der Bürgermeister wird in seiner Amtsführung durch vier aus der Mitte des Gemeinderates auf drei Jahre gewählte Vizebürgermeister unterstützt, welche ihn im Falle der Verhinderung in allen seinen Funktionen vertreten. —

Für die Wahl des Bürgermeisters und der Vizebürgermeister ist keinerlei Qualifikation der zu wählenden Person vorgeschrieben und daher nicht erforderlich, dass dieselben, ebenso wie der Magistratsdirektor und die Magistratsräte Juristen seien. Daß Bürgermeister und Vizebürgermeister sich ausschliesslich ihrem Amte widmen, wird nicht gefordert; sie können nach wie vor ihrem gewöhnlichen Berufe nachgehen." [1])

Überblickt man dieses ganze System der österreichischen Kommunalverfassung, sowohl das in den allgemeinen Gemeindeordnungen der einzelnen Kronländer enthaltene Recht wie die Einzelgesetze der Statutarstädte, so springt deutlich als der kräftigst ausgesprochene Zug dieses Systems hervor: die Begründung der ganzen kommunalen Organisation und Verwaltung auf die freie Wahl der Gemeindevertretung und die Selbstbestimmung der Gemeindeverwaltung durch jene. Fasst man diese juristisch-statische Erkenntnis dynamisch-politisch auf, so heißt das soviel als: die österreichische Kommunalverfassung und Verwaltung ist durchaus auf **gesellschaftlich-politischer Grundlage**

---

[1]) Vgl. Vogler a. a. O. S. 21 ff.

errichtet. Nur mit dem weitumspannenden, schmalen, wenn auch festen Reifen der Oberaufsicht der Staatsbehörden und des Verwaltungsgerichtshofes über die Einhaltung der Gesetze wird das ganze in der Kommune frei sich bewegende Kräftespiel der sozialen, nationalen und parteimässigen Bewegungen und Gegenbewegungen der Völker zusammengefasst. Damit sind die Vorzüge aber auch die Nachteile dieses ganzen merkwürdigen Gemeindewesens unseres Staates bezeichnet. Sie im einzelnen kritisch aufzuweisen und zu beurteilen wäre äußerst lohnend, kann aber hier gar nicht unternommen werden. Vielleicht werden sich aber im folgenden noch einige Bemerkungen dieser Art immerhin von selbst ergeben.

III.

Ich versuche nun, aus dem bisher gezeichneten Bilde des österreichischen Gemeindewesens die entscheidenden Züge nochmals hervorzuheben, die die Eigenart unserer kommunalen Organisation in aller Kürze bezeichnen. Vielleicht lassen sich diese Züge am besten in folgende Sätze zusammenfassen:

Die österreichische Gemeinde ist eine Verwirklichung jener Auffassung der Selbstverwaltung, die in der Schaffung einer möglichst erweiterten staatsfreien Lebenssphäre für die Selbstverwaltungskörper das Wesen der Selbstverwaltung und damit zugleich auch die Grundlagen der bürgerlichen Freiheit und des Rechtsstaates erblickt. Die österreichische Gemeinde ist in der Bildung ihres territorialen Gebietes der Eigenmacht des Staates entrückt. Sie ist zwar in der Bildung ihres Personenvereins von Tatbeständen abhängig, die durch staatliche Gesetze normiert sind[1]). Aber die Aufnahme in den Gemeindeverband steht der Gemeinde völlig frei ohne Beeinflussung des Staates zu. Sie bildet ihre Organe durch freie Wahl und schafft sich ihre Vertretung ohne jegliche Einmischung des staatlichen Imperiums rein nach dem Prinzip der Repräsentativverfassung. Sie führt durch diese Organe ihre Verwaltung innerhalb des ihr zugebilligten natürlichen oder selbständigen Wirkungskreises, dessen Begrenzung nur durch die tatsächlichen Kräfte der Gemeinde und ihre Interessen gegeben ist, in voller Freiheit. Sie besitzt damit den weitaus überwiegenden Teil der gesamten lokalen inneren Verwaltung und Polizei als ihr Recht zu Eigen, ist in dieser Verwaltungstätigkeit völlig frei von irgendeiner Tutel des Staates und nicht gebunden an den Konsens staatlicher Behörden bei der Verfolgung aller jener Zwecke, die das Gemeindeinteresse als Aufgaben der Gemeinde erscheinen läßt. Sie ist der

---

[1]) Vor allem bildet für das Verhältnis des Staatsbürgers zur Gemeinde eine feste staatliche Schranke auch gegenüber der nunmehr seit 1867 den Landtagen überlassenen Gemeindegesetzgebung die Bestimmung des Staatsgrundgesetzes über die allgemeinen Rechte der Staatsbürger, welche im Artikel 4 Abs. 1 u. 2 verfügt: „Die Freizügigkeit der Person und des Vermögens innerhalb des Staatsgebietes unterliegt keiner Beschränkung. Allen Staatsbürgern, welche in einer Gemeinde wohnen und daselbst von ihrem Realbesitze, Erwerbe oder Einkommen Steuer entrichten, gebührt das aktive und passive Wahlrecht zur Gemeindevertretung unter denselben Bedingungen wie den Gemeindeangehörigen."

Aufsicht des Staates nur in einer Hinsicht unterworfen, nämlich in Hinsicht der Gesetzlichkeit ihrer Beschlüsse und der darauf gebauten Verfügungen ihrer Exekutive. Sie unterliegt, was die Führung der eigentlichen Verwaltung, nämlich die Besorgung des selbständigen Wirkungskreises betrifft, der Aufsicht der Obergemeinde, sei es des Bezirkes oder des Landes, nur in jenem oben bezeichneten, durch den Begriff der Berufung schon außerordentlich eingeengten Ausmaße. Die Gemeinde besitzt in dem zur Führung ihrer wirtschaftlichen und sonstigen administrativen Angelegenheiten notwendigen Umfange auch das Recht der Autonomie im engeren Sinne des Wortes, frei von staatlicher Zustimmung und Einmischung. Sie besitzt schließlich die volle Persönlichkeit des öffentlichen Rechtes auf Grund der Gemeindeordnung und ist befugt, alle jene Interessen, die sich in der Gemeinde als einer Personengemeinschaft verkörpern, darunter auch **politische Interessen**, gegenüber dem Staate zu vertreten.

Es wäre nun sehr wünschenswert, entsprechend jenem Postulate, das ich von vornherein aufgestellt habe, in möglichst umfassender Weise in dieses Bild, wie es sich aus dem geschriebenen Rechte unserer Gemeindeverfassung und Gemeindeverwaltung ergibt, noch alle jene Züge einzutragen, die sich aus der praktischen Entwicklung des österreichischen Gemeindewesens unter der Herrschaft der Gemeindeordnung ergeben haben. Es wäre, wie ich eingangs betont habe, notwendig, auch im einzelnen zu zeigen, wie diese Rechtsgedanken durch die Praxis von

Staat, Land und Gemeinde in ihrem gegenseitigen Aufeinanderwirken beeinflußt worden sind, und es wäre erforderlich zu untersuchen, inwieweit hiebei die provinziellen, lokalen und vor allem nationalen Faktoren diese Grundeinrichtungen und Grundgedanken der Gemeindeordnung zwar nach verschiedener Richtung hin in den einzelnen Kronländern eigentümlich variiert und spezialisiert, dabei aber in ihrem Wesen überall gleichartig aufrechterhalten haben. Eine solche Untersuchung, die sich notwendigerweise auf einem außerordentlich weitläufigen, über die ganze Monarchie zerstreuten Material von Tatsachen aufbauen müßte, kann hier selbstverständlich weder erwartet noch gegeben werden[1]). Vielleicht aber ist es gestattet, in einigen wenigen Punkten und nur bezüglich der zentralen Grundgedanken unserer Gemeindeverfassung darauf hinzuweisen, wie die Praxis tatsächlich gewirkt hat. Und da möchte ich zusammenfassend Folgendes sagen.

Vor allem ergibt eine Beobachtung unseres gegen-

---

[1]) Eine solche Darstellung hätte zur Voraussetzung eine umfassende Untersuchung der gesamten Verwaltung Österreichs in ihren inneren politischen und administrativen Zusammenhängen zwischen Gemeinden, Bezirken und Kronland auf der einen, der staatlichen Zentral-, Provinzial- und Bezirksverwaltung auf der anderen Seite. Solche politisch-juristische Erfassung des lebendigen Rechtes österreichischer Lokalverwaltung ist bisher überhaupt noch nicht versucht worden. Schon die wenigen oben gemachten Bemerkungen über die Eigenart österreichischer Selbstverwaltung werden begreiflich machen, warum gerade im Gebiete unseres kommunalen Rechtes die ausschließlich juristische Erläuterung nicht sehr tief über die bloße Oberfläche der hierher gehörigen Probleme und Erscheinungen hinaus in deren Wesen einzudringen vermag.

wärtigen Gemeindewesens, daß sich der Grundgedanke unserer Gemeindeordnung, die Ausscheidung eines großen Stückes der inneren Verwaltung und Übertragung derselben an die historisch gegebenen Lokalverbände, die Gemeinden, zur völlig freien Besorgung der lokalen Interessen zu eigenem Rechte auf das tiefste in den Gesamtorganismus des öffentlichen Lebens und Rechtes in Österreich eingewurzelt hat. Wenn man z. B. die Judikate unseres Verwaltungsgerichtshofes, wie sie nun durch mehr als drei Jahrzehnte vorliegen, von diesem Gesichtspunkte aus prüft, so sieht man, daß die Erkenntnisse dieses hohen Gerichtes immer wieder in der Richtung einer Bekräftigung und Stärkung des Gedankens der Autonomie oder, besser gesagt, der staatsfreien Lokalverwaltung durch die Gemeinden wirken. Zu einem ähnlichen Ergebnis gelangt man hinsichtlich der Tutel der autonomen Oberinstanz der Gemeinden; und man wird in dieser Auffassung noch bestärkt, wenn man die tatsächliche Gestaltung unserer landtäglichen Politik, sowie der Verwaltung unserer Landesausschüsse beobachtet. Es zeigt sich da, daß selbst in jenen Verwaltungszweigen, in denen die Gemeinden durch die Gemeindeordnung der besonderen Kontrolle und Zustimmung der Landtage und Landesausschüsse unterstellt sind, wie im Besteuerungsrechte und bei der Aufnahme von Darlehen, in der Praxis den Gemeinden weitgehende Freiheit gelassen wird. Hier ist eben die notwendige Konsequenz daraus gezogen worden, daß die Gemeindeordnungen unsere Gemeinden im selbstständigen Wirkungskreise nur durch ihre eigenen Kräfte eingeschränkt sein lassen. Das Maß dieser Kräfte drückt sich deutlich in der Anspannung der Steuerkraft aus. Nur in relativ seltenen Fällen, in denen durch allzugroße Anspannung der Steuerleistung eine Gefährdung des wirtschaftlichen Lebens der Gemeindeinsassen droht oder bei tatsächlicher mißbräuchlicher Anwendung der Gemeindebesteuerungsbefugnisse entschließen sich — selten genug! — unsere Landesausschüsse in die "Autonomie der Gemeinde", wie der übliche Ausdruck lautet, das heißt in das freie Selbstbestimmungsrecht der Kommunen selbsttätig einzugreifen. Um diese Dinge richtig zu beurteilen, muß man eben die staatsrechtliche Stellung und die eigentümliche politische Natur unserer Kronlandsparlamente, sowie ihrer permanenten Verwaltungsorgane, der Landesausschüsse, kennen und in Betracht ziehen. Man muß sich daran erinnern, daß diese Landesvertretungen ausschließlich auf Grund von national geschiedenen, parteipolitischen Wahlen zustande kommen, und daß bei der Bildung der Landesausschüsse durch Wahl aus dem Landtage selbst immer wieder die Kräfteverteilung der einzelnen politischen, nationalen und sozialen Gruppen zum Ausdruck gelangt. Und schließlich muß man auch in Anschlag bringen, daß schon infolge des engen Zusammenhanges, in dem Landtags- und Gemeindewahlrecht zu einander stehen, auch das politische Leben in beiden Formen, sowohl in der Gemeinde wie in der Landes-Obergemeinde — im Kronlande —, wesensgleich und in der Praxis stets von denselben Organisationen und

Personen getragen wird. Regelmäßig sind es die in den größeren Gemeinden oder in den Bezirken führenden Parteipolitiker, die wieder als Abgeordnete in den Landtag gewählt werden: und so gibt es — von der Wahlkurie der Großgrundbesitzer abgesehen — wenige Mitglieder der Landtage, die nicht selbst als Bürgermeister oder Gemeindevertreter oder Mitglieder von Bezirksausschüssen innigen Anteil an dem kommunalen Leben nehmen. Da ist es nun selbstverständlich, daß weder Landtag noch Landesausschuß daran auch nur denken können, die ihnen anvertraute Landes-Autonomie zur Grundlage einer gegen die Autonomie der Gemeinden gerichteten Landesgesetzgebung oder Landesverwaltung zu machen. So hat die Entwicklung unseres öffentlichen Lebens in den Kronländern den Gedanken der Autonomie der Gemeinde auch in ihrem Verhältnis zu den Kronländern immer nur schärfer hervorgetrieben. Wie die Kronländer selbst von ihrer finanziellen Autonomie gegenüber dem Staate längst den weitestgehenden Gebrauch machen und sich durch die landesgrundgesetzlichen Bestimmungen über die notwendige kaiserliche Sanktion zur Aufnahme von Darlehen oder zur Erhöhung der Landesumlagen nicht im geringsten von der Regierung praktisch beengt fühlen[1], so haben dement-

---

[1] Das Ergebnis dieser Entwicklung ist die gegenwärtig in den meisten Kronländern bestehende Notlage der Landesfinanzen, deren eigentlicher Grund in der immer mehr verschärften Diskrepanz zwischen dem kaum mehr prinzipiell begrenzten Wirkungskreise der Landtage und dem geringen, den Ländern eingeräumten

sprechend die von dem Gedanken der freien Verwaltung
beherrschten Landtage und Landesausschüsse folgerichtig
auch in demselben Maße den Gemeinden die ihnen auf
finanziellem Gebiete durch das Gemeindegesetz beschränkte
Autonomie praktisch genommen sehr ansehnlich erweitert.
Eben dieselben Gründe haben auch dazu geführt, daß
unsere Kronländer die ihnen durch die Landesordnung zustehenden Befugnisse einer Oberinstanz gegenüber den
Gemeinden überhaupt nur mit mehr oder minder großer
Selbstbeschränkung ausgeübt haben und ausüben. Und so
ist es in den meisten Kronländern dahin gekommen, daß
unsere Gemeinden nicht nur eine außerordentlich weit-
erstreckte staatsfreie Sphäre der Verwaltung besitzen,
sondern sich auch im Bereiche der Vermögungsverwaltung,
des Steuerwesens und des Schuldenwesens trotz der gesetzlichen Tutel der Kronländer als höherer Selbstverwaltungskörper gleichfalls eine weitgedehnte landes-
freie Sphäre der Verwaltung errungen haben; endlich auch,
daß die durch Art. XVIII. des Reichsgemeindegesetzes an-
gebahnte oberaufsichtliche Berufungskompetenz der Landtage
nur in relativ geringem Umfange wirksam geworden ist,

Anteil an der Gesamtsteuerkraft der Bevölkerung zu suchen ist.
Darin wie überhaupt in ihren finanziellen Folgewirkungen liegt die
wesentlichste Schwäche der österreichischen Selbstverwaltung der
Länder und Gemeinden. Vgl. die höchst belehrenden Materialien
zu der im Jahre 1908 abgehaltenen Enquête über die Landesfinanzen:
Die Landeshaushalte der im Reichsrate vertretenen Königreiche
und Länder. (Nach den Voranschlägen für das Jahr 1905 bearbeitet
vom k. k. Finanzministerium.) Wien 1907, ferner das stenographische
Protokoll der Enquête über die Landesfinanzen, Wien 1908.

sodaß die von diesem Punkte aus wohl mögliche Einschränkung der freien Selbstbestimmung der österreichischen Gemeinde in ihrem so weitgedehnten selbständigen Wirkungskreise keineswegs eingetreten ist. Es unterliegt keinem Zweifel, daß diese Entwicklung manche Nachteile in sich birgt, Nachteile sowohl für den Staat, da die Steuerkraft der Bevölkerung durch eine unwirtschaftliche Gemeindefinanzverwaltung vorweg belastet wird, Nachteile für die Gemeinden selbst, deren industrielle Entwicklung nicht selten durch allzu hohe Gemeindezuschläge zurückgehalten wird. Es läßt sich auch nicht verkennen, daß hier tatsächlich einer der bedenklichen Punkte des ganzen Systems kommunaler freier Selbstverwaltung zu erblicken ist. Dennoch würde nichts mehr dem Geiste unserer ganzen Selbstverwaltungseinrichtungen in Land und Gemeinde widersprechen, als die Ansicht, man müsse das Heilmittel gegen die bezeichneten Nachteile in einer straffen bureaukratischen Unterordnung der Gemeinden unter den Staat suchen. Vielmehr muß auch hier jeder, der an der organischen Entwicklung des modernen Verfassungsstaates in der Richtung der Selbstverwaltung und Selbstregierung festhält, auf die allgemeinen in der politischen Entwicklung freier Kulturvölker gelegenen Heil- und Hilfsmittel bauen: auf das wachsende Verständnis breiter Schichten für die Abhängigkeit der wirtschaftlichen Entwicklung von der Gemeindefinanzpolitik, auf die Zunahme des allgemeinen Interesses und der Wertschätzung einer guten Lokalverwaltung, auf die allgemeine Steigerung der politischen

Einsicht überhaupt. Freie Wahl der Gemeindevertretung aus allen Schichten der Bevölkerung, öffentliche Kontrolle der kommunalen Verwaltung durch Presse und Parteienkampf sind dann die sicheren Mittel, um den durch unverständige oder pflichtwidrige Ausübung der kommunalen Autonomie eingerissenen Mißständen vermittelst des Appells an die Wähler und Steuerzahler kräftig zu begegnen und notwendige Remeduren immer wieder herbeizuführen [1]).

Aber noch ein anderes Moment kommt hier in Betracht, will man verstehen, warum die Freiheit der Gemeinde in Österreich seit ihrer Gründung immer mehr befestigt und immer nachhaltiger wirksam geworden ist. Wer das politische Leben in Österreich kennt, weiß, wie sich im Laufe des letzten halben Jahrhunderts die österreichische Gemeinde durch die bestehende Gemeindefreiheit nicht nur zum hauptsächlichen Träger der ganzen Lokalverwaltung gestaltet hat, sondern daß sie sich auch in derselben Zeit als das wichtigste und in seiner Art unvergleichliche Organ **freier politischer Betätigung** der Bevölkerung entfaltet hat. Wir alle in Österreich wissen, daß die Gemeinde vor allem im Hinblick auf die stärkste Kraft des politischen Lebens in Österreich, in Hinsicht auf die **nationale** Bewegung

---

[1]) Daneben kommt auch Verbesserung des Gemeinderechtes in mancherlei Belangen in Betracht. So sind z. B. Gesetzentwürfe zur Einführung einer unabhängigen und wirksamen Revision der Gemeinderechnungen sowie der Gemeindegebarung in einzelnen Kronländern in Aussicht genommen.

als das eigentliche Bollwerk jeder der Nationen in ihren Siedlungen sich erwiesen hat und erweist. Dem ist es zuzuschreiben, daß die autonome Gemeinde in Österreich sowohl im Kampfe der Nationalitäten als auch innerhalb der einzelnen Nationen dort, wo ein scharfer Parteigegensatz sozialer oder politischer Natur sich entwickelt hat, zu dem wichtigsten Kampfobjekt und für den jeweiligen Sieger zum wichtigsten Element der Machtentfaltung der Parteien geworden ist. Eine Untersuchung der Stellung, welche die österreichische Gemeinde in dieser Hinsicht besitzt, würde, so schwierig sie wäre, zumal auch hier von Kronland zu Kronland nebst allgemeinen Erscheinungen zahlreiche Besonderheiten zu berücksichtigen sind, zu wichtigen Ergebnissen auf dem Gebiete moderner Staatslehre führen. Auch von diesem Gesichtspunkte aus ergibt sich schließlich dies als das beherrschende Prinzip, daß die „Autonomie" der Gemeinde, wie dieses Wort im österreichischen politischen Sprachgebrauch gemeint wird, das heißt, daß ihr weder vom Staate, noch auch vom Kronlande wesentlich eingeschränktes Selbstbestimmungsrecht sich als der entscheidende Charakterzug des Wesens der österreichischen Gemeinde herausstellt.

Kein Zweifel kann darüber obwalten, daß wir von diesem Punkte aus einerseits in das Innerste des Wesens der österreichischen Gemeinde hineinblicken; auf der anderen Seite aber sehen wir von hier aus die Erklärung für jene schon oben bemerkte Erscheinung der unzerstörbaren Lebenskraft der Grundgedanken des österreichischen Gemeinderechtes, wie sie seit der Stadion'schen Gemeindeordnung von 1849 ihre Wurzeln in das politische und soziale Leben Österreichs tief gesenkt haben, einer Erscheinung, welche die politische Erfassung unseres Gemeindewesens erst in ihrer ganzen Fülle erkennen läßt. **Diese Erklärung liegt darin, daß mit dem Gedanken der staatsfreien sich möglichst selbstbestimmenden Gemeinde — vielleicht darf man sagen nicht ganz bewußt, was die Urheber der ersten österreichischen Gemeindeordnung betrifft — dem einzigartigen Charakter des österreichischen Staates Rechnung getragen worden ist.** Österreich ist seit jeher ein Inbegriff der Herrschaft über so viele, sehr verschiedene, in vielen Stücken einander fremd gegenüberstehende Länder und Nationen, die fast vom äußersten Süden Europas bis hinauf in die sarmatische Tiefebene unter den verschiedenartigsten geographischen, wirtschaftlichen und historisch-kulturellen Bedingungen nebeneinander und oft durcheinander gemischt leben. Und Österreich ist ein Gemeinwesen, dessen einzelne historische Bestandteile erst seit der Mitte des 18. Jahrhunderts in einen organischen administrativen, wirtschaftlichen und politischen Zusammenhang gebracht worden sind: die Reformen Maria Theresias und Josef II. haben zuerst einen Einheitsstaat zu schaffen gesucht, der zentralistische Absolutismus hat dann zwischen 1848 und 1860 diesen Versuch mit unleugbar grossem technisch-administrativem Geschick fortgeführt. Aber schon im Jahre 1848 und vollends seit der dauernden Einrichtung des verfassungsmäßigen Lebens in Österreich ist der tiefe Widerspruch immer schärfer hervorgetreten, den der ganze historische, ethnische und kulturelle Aufbau Österreichs dem Gedanken des zentralistisch administrierten Einheitsstaates entgegensetzt. Das hat nun schon Graf Stadion, in seiner Zeit der bedeutendste Träger des ideologischen Liberalismus spezifisch österreichischer Färbung, wohlweislich erkannt und aus solcher Erkenntnis heraus ist seine Gemeindeordnung, ja vielmehr die ganze in der provisorischen Gemeindeordnung niedergelegte grosse Konzeption eines auf sogenannter „Autonomie" beruhenden Staates hervorgegangen. In einem solchen Reiche wie Österreich musste es unmöglich erscheinen, den alten deutschen Obrigkeitsstaat des 18. Jahrhunderts, wie ihn Österreich im Wetteifer mit Preußen in der zweiten Hälfte des 18. Jahrhunderts zur vollen Kraft zu bringen vermocht hatte, vollständig intakt zu erhalten und gleichzeitig mit den Rechtsformen, Prinzipien und Institutionen des liberalkonstitutionellen Staates organisch zu verbinden, wie ihn die Revolution von 1848 für Österreich und Deutschland zur Notwendigkeit gemacht hat. Die Intensität der zentralisierten Staatstätigkeit, wie sie zum erstenmale der Obrigkeitsstaat geschaffen hat, möglichst zu erhalten gegenüber den schließlich unabweisbar gewordenen Forderungen nach Teilnahme der Regierten an Regierung und Verwaltung: das war die große Aufgabe aller konstruktiv tätigen schöpferischen Staatsmänner des 19. Jahrhunderts. Diese

Aufgabe hat ihre der geschichtlichen Natur der hohenzollernschen Monarchie adaequate Lösung gefunden in jenem merkwürdigen und bewundernswert in sich geschlossenen System der inneren Verwaltung, wie es sich Preußen unter der theoretischen Beeinflussung durch Gneist und unter der bisher unerschütterten politischen Führung der preußischen Konservativen geschaffen hat. Dort war diese Lösung möglich: dort in dem Musterlande straffster staatlicher Zusammenfassung politischer, wirtschaftlicher und militärischer Kräfte war es möglich, die intensivste Verwaltung des Obrigkeitsstaates unter sehr zögerndem, zum Teil nur die Form opferndem Nachgeben an die liberalen und vollends demokratischen Forderungen der Zeit dadurch vollständig zu erhalten, daß über den zentralisierten staatlichen Beamtenapparat ein dünner Schleier von Selbstverwaltung gelegt worden ist, ohne daß aber diese „Selbstverwaltung" anders gemeint war, als daß auch in ihr der Wille der zentralisierten Regierungsgewalt und die hinter dieser stehende politische Weltanschauung jederzeit in allen wichtigen Dingen die ausschlaggebende Entscheidung haben sollten. Dieses Problem hat in Österreich auf ganz andere Weise Alexander Bach zu lösen versucht, aber er ist an der Unmöglichkeit dieser Aufgabe gescheitert. Wohl vermochte er, ein Meister der Organisation, den modernisierten Apparat des zentralistischen Obrigkeitsstaates zu schaffen, der in Österreich noch heute aufrechtsteht. Aber zu diesem Zwecke mußte er das System der Selbstverwaltung, wie es aus dem Liberalismus des Grafen Stadion hervorgegangen war, beseitigen.

Sobald dann mit der Erneuerung der Verfassung Österreichs abermals das Problem einer organischen Verbindung liberaler Selbstverwaltung mit einem starken staatlichen Machtapparat gestellt war, da suchte man dessen Lösung unter dem Drucke der Erkenntnis, daß in dem vielgestaltigen, vielsprachigen, national so gemischten Österreich mit seinen Jahrhunderte lang durch ein deutsches Beamtentum beherrschten slavischen und romanischen Völkern eine organische Verbindung freier Volksinstitutionen mit dem modernisierten bureaukratischen Obrigkeitsstaate des 18. Jahrhunderts und der francisceischen Epoche nur in wenigen Gelenken der beiderseitigen Kraftorganisationen — der der Völker und der des Staates — stattfinden konnte. Und so ist die Verwirklichung des Prinzips der Autonomie in den Gemeinden und in den Kronländern Österreichs, wie diese in dem Gemeindegesetz von 1862, in den Verfassungsentwürfen und Verfassungen von 1848 bis 1867 ihren klaren, nicht mißzuverstehenden Ausdruck findet, nur das Bekenntnis der Unmöglichkeit, den alten aus der Fürstenidee des 17. Jahrhunderts erwachsenen Obrigkeits- und Beamtenstaat gegenüber den Forderungen moderner Selbstverwaltung und Selbstregierung in Land, Kreis und Gemeinde in einem Reiche mit ungeminderter Kompetenz und Macht aufrecht zu erhalten, in dem ein großer Teil der so verschiedenartigen dieses Reich bildenden Nationen wohl in dem Staate, nicht aber auch für den Staat in seiner historisch gegebenen Gestalt zu leben gewillt war.

Es würde zu weit führen, den vorstehenden Gedankengang hier in seinen Einzelheiten über das ganze Feld österreichischen Staatsrechtes hinweg zu verfolgen. Aber ich hoffe, schon diese knappen Bemerkungen machen klar, ob der hier aufgestellte Gesichtspunkt für das Verständnis des innersten Wesens unserer Gemeindeverfassung einigen Wert besitzt. Wie die in den Schmerling'schen Landesverfassungen den althistorischen Kronländern zugestandene Länderautonomie die unschätzbare Folge hatte, daß sie allen österreichischen Völkern ein großes Stück staatsfreier Lebenssphäre zugesichert und dadurch den schwersten, für die Entwicklung Österreichs gefährlichsten Zusammenstößen zwischen den einzelnen Nationen untereinander, sowie zwischen ihnen und dem Staate vorgebeugt hat: geradeso hat die Gemeindeautonomie den österreichischen Nationalitäten innerhalb des engsten politisch-administrativen Verbandes, nämlich innerhalb der Gemeinde, eine feste Heimstätte für die nationalen, politischen und kulturellen Bestrebungen der Völker gegeben, welche wertvolle lokale und allgemeine Interessen der Bevölkerung gegen den Eingriff der zentralstaatlichen Bureaukratie und die Reglementierung durch eine zentralisierte Staatsomnipotenz sicherte. Gewiß ist damit auch vom Beginn des verfassungsmäßigen Lebens in Österreich an das Zeichen zu einem an tausend Orten geführten, oft langwierigen und erbitterten Kampfe um die Gemeinde dort gegeben worden, wo mehrere Nationen miteinander vermischt leben, ein Kampf, der nunmehr nach einem halben Jahrhundert zwar nicht vollständig abgeschlossen ist, aber doch schon größtenteils auf die Sprachengrenzgebiete beschränkt erscheint. Gewiß ist in diesem ganzen Zeitraume kraft der historischen Tatsache, daß der österreichische Einheitsstaat durch das deutsche Volkselement geschaffen und ohne, teilweise auch **gegen** die slavischen Völker ausgebildet worden ist, die hier angedeutete Funktion der Gemeindeautonomie vor allem ein gewaltiger politischer Vorteil für die nichtdeutschen Völker gewesen. Und kein deutscher Österreicher kann darüber im Zweifel sein, daß mit der verfassungsmäßigen Festlegung der Autonomie für Land, Bezirk und Gemeinde in dem Sinne, den dieses Wort in der Sprache unseres Rechtes und unserer Politik besitzt, die von den **Anschauungen** des Liberalismus beherrschten deutschen Staatsmänner Österreichs den nichtdeutschen Völkern des Reiches eine unfehlbare Waffe in die Hand gegeben haben, mit der vor allem die Slaven Schritt für Schritt den Raum in Staat und Reich wiedergewonnen haben, der ihnen zuerst durch die Gegenreformation, dann durch den von Maria Theresia geschaffenen Einheitsstaat, zuletzt durch den absolutistischen Zentralismus Alexander Bachs so stark eingeengt oder vorenthalten worden war. Wer aber — wenn auch als Deutscher oft nur mit schmerzlicher Erkenntnis — diesen Prozeß der Umwandlung Österreichs in einen modernen Völkerstaat gleichberechtigter Nationen für eine unvermeidliche Entwicklung ansieht und darum gegenwärtig in seiner Vollendung die beste Bürgschaft für ein kraftvolles politisches, wirtschaftliches und kulturelles

Gedeihen aller österreichischen Völker, sowie des Gesamtstaates erblickt, der wird sich schließlich auch als Deutscher bereit finden, die großen Vorzüge des österreichischen Verfassungsgedankens kommunaler Autonomie, sowie die in ihm liegenden, noch lange nicht vollentwickelten großen Kräfte staatlichen, politischen und kulturellen Fortschrittes anzuerkennen. So haben denn auch die Deutschen in Österreich, mochte ihnen vor einem halben Jahrhundert der in der Autonomie gebotene — gewissermaßen prophylaktische — Schutz gegenüber dem „Staate" unnötig oder unangebracht erscheinen, da ihre leitenden Klassen damals als stärkste Teilnehmer an der Lenkung des Staatsapparates solchen Schutz gewiß nicht zu benötigen vermeinten, so haben denn auch die Deutschen seither nur allzu gut den Wert der österreichischen staatsfreien Gemeinde, den Wert staatsfreier autonomer Länderverwaltung für ihr eigenes Volkstum und damit auch für die lebendigen staatlichen Interessen der Deutschen Österreichs insgesamt zur Genüge kennen gelernt.

Rückblickend auf den theoretischen Standpunkt, den ich in der Einleitung festzustellen mich bemüht habe, darf ich nun doch wohl sagen, daß erst das politische Erfassen der österreichischen Gemeinde uns den wahren Sinn ihrer Rechtsnatur verstehen lehrt.

Hält man also die hier gegebene Charakteristik der österreichischen Gemeinde fest, so wird man nicht einen Augenblick den tiefen Unterschied übersehen können, der unsere Gemeindeordnung von der aller deutschen Einzelstaaten, vor allem von der Preußens trennt. Es bedarf wohl gerade in diesem Kreise keiner näheren Ausführungen über die unterscheidenden Merkmale hüben und drüben. Man braucht sich bloß an die Städteordnung für die östlichen Provinzen Preußens zu erinnern, in welcher die Gemeindevertretung nach dem Prinzip des Zweikammersystems organisiert ist durch Unterscheidung des Magistrats und der Stadtverordnetenversammlung, sodaß jeder Beschluß, jede Willensbildung der Stadtverordnetenversammlung zu ihrer Validität der Zustimmung der engeren, rein obrigkeitlichen Körperschaft bedürfen, welch' letztere selbst wieder vermittelst des staatlichen Bestätigungsrechtes von Bürgermeister und Magistratsmitgliedern in vieler Hinsicht nichts anderes vorstellt als ein von der staatlichen Behörde geleitetes Verwaltungskollegium. Man muß sich bloß daran erinnern, daß nach der preußischen Städteordnung der Bürgermeister rechtlich und tatsächlich durch die strengen Vorschriften beruflicher Fachbildung nicht das freigewählte Oberhaupt der Bürgerschaft, sondern eine obrigkeitliche Person ist, die zwar von der Bürgerschaft vorgeschlagen, aber erst durch die Zustimmung der Staatsregierung tatsächlich bestellt wird. Man muß im Auge behalten, daß der Bürgermeister sowohl wie sämtliche Organe der Gemeindeexekutive, unbesoldete wie besoldete Magistratsräte und Magistratsbeamte unter den Begriff fallen, den das preußische Recht zum Zwecke der völligen Einfügung der Gemeindeverwaltung in den Organismus der gesamten staatlichen Verwaltung geschaffen hat, unter den Begriff des **mittelbaren Staatsbeamtentums**.

Hält man sich diese tiefgreifenden Unterschiede zwischen österreichischer und preußischer Gemeindeverfassung vor Augen, so wird man schon da gewahr, daß es sich hier noch um andere Dinge handelt, als etwa um die prinzipiell zu lösende Frage, wie die Gemeindeinteressen technisch-administrativ am besten besorgt werden können, oder was der theoretische Lehrbegriff der Selbstverwaltung ist.

Ich darf also auch hier auf meine einleitenden Worte zurückgreifen: **Kommunalverfassung ist ein organisches Stück der Staatsverfassung** im rechtlichen wie im politischen Sinne. Wenn Recht und Wesen der Gemeinde in Preußen und in Österreich so grundverschieden gestaltet worden ist, und wenn in beiden Staaten die Entwicklung beider Gemeindesysteme dauernd und immer mehr auseinander, ja sogar entgegengesetzte Wege gegangen ist, so ist dies eben nur der Ausdruck dafür, daß die lebendige preußische und die lebendige österreichische Verfassung, wiewohl sie beide aus dem gemeinsamen Stamme des deutschen Fürstenstaates hervorgegangen sind, von dem Augenblick an andere Bahnen eingeschlagen haben und einschlagen mussten, da durch die Annahme des konstitutionell-repräsentativen Verfassungsprinzips die Notwendigkeit gegeben war, den historisch überkommenen, zentralisierten Beamtenstaat mit den Lebensbedingungen der modernen bürgerlichen Gesellschaft in Einklang zu setzen, gegenüber dem sich steigernden Verlangen der

Regierten nach Teilnahme an Regierung und Verwaltung neue Organisationen staatlicher Arbeit zu schaffen. Die Lösung aber ist in beiden Reichen so verschiedenartig gefunden worden, weil die geschichtliche Natur und die innere Struktur beider Staaten eine so durchaus verschiedene ist. Damit allein erübrigt sich schon der von vornherein aussichtslose Versuch, ein absolutes Werturteil über beide Systeme im Vergleiche gegeneinander zu schöpfen. So wie sie sind, sind sie notwendig geworden und werden sie sich auch weiterhin entwickeln unter dem Drucke der Notwendigkeit, die aus der Eigenart der politischen Kraftelemente in beiden Staaten hervorgeht und aus deren inneren Beziehungen zu der historisch überkommenen Idee und Ordnung der zentralen Staatsgewalt.

Anhang.

Ich bringe nachstehend ein Dokument zum Abdruck, das klarer als irgend eine Auseinandersetzung vollen Einblick gewährt in die Gedankenwelt, aus welcher heraus das provisorische Gemeindegesetz von 1849 entstanden ist. Besser als durch irgend welche Auseinandersetzungen lernt man durch diesen vom Ministerium Schwarzenberg dem Monarchen unterbreiteten Motivenbericht die bedeutende und wahrhaft freie Staatsauffassung kennen, aus welcher die bedeutende Schöpfung des Grafen Stadion hervorgegangen ist. Daß diese politische Gesamtanschauung und damit auch dieses Aktenstück nicht nur historischen Wert besitzt, sondern dauernd als eines der wichtigsten Hilfsmittel für das Verständnis der Eigenart österreichischer Gemeindeverwaltung angesehen werden kann, liegt darin begründet. — worauf ja schon oben hingewiesen wurde — daß auch das geltende Gemeinderecht Österreichs nichts anderes als eine Erneuerung und Fortsetzung der Schöpfung des Grafen Stadion bedeutet. Der „Allerunterthänigste Vortrag", der im Nachstehenden zum Abdruck gelangt, ist seinerzeit in der amtlichen „Wiener Zeitung" vom 20. März 1849 veröffentlicht worden und auch in der später herausgegebenen Sammlung der "Allerunterthänigsten Vorträge zu den im Reichsgesetzblatt 1849—1851 erschienenen Gesetzen und Verordnungen." Dennoch ist dieses wichtige, gedankenreiche und auch ob seiner Formvollendung höchst bemerkenswerte Dokument österreichischer Verfassungsgeschichte so wenig bekannt geworden, daß sein Wiederabdruck an dieser Stelle wohl vollkommen gerechtfertigt erscheint.

"Allerunterthänigster Vortrag des treu gehorsamsten Ministerrathes, betreffend die Erlassung eines provisorischen Gemeindegesetzes.

Allerunterthänigster Herr!

Die erste und dringendste Aufgabe bei dem großen Werke der Neugestaltung der staatlichen Verhältnisse der Monarchie ist die Organisirung des Gemeindewesens.

Der Bau der Staatsverfassung ruht auf der Organisirung der Gemeindeverfassung als auf seiner Grundlage.

Auch die durchgreifende Reorganisation des Verwaltungssystems kann nur auf Grundlage des neuorganisierten Gemeindewesens durchgeführt werden, da es unerläßlich ist, daß jener Theil der vollziehenden Gewalt, welcher mit dem Gemeindeleben in natürlicher und unzertrennlicher Verbindung steht, auch den Organen der Gemeinden übertragen werde; jene Organisirung aber ist ein umso dringenderes Bedürfnis, je unhaltbarer der gegenwärtige schwankende Organismus der Behörden, je unverträglicher derselbe mit der totalen Umgestaltung des inneren staatlichen Verbandes geworden ist.

Die allgemeine Stimme selbst fordert keine Reform dringender und gebietherischer, als die des Kommunalwesens, und gibt lautes Zeugnis von dem tief und allgemein gefühlten Bedürfnisse.

Diesem Bedürfnisse entgegenzukommen, hielt der Ministerrath für seine Pflicht und legt in Erfüllung der im IV. Abschnitte der Reichsverfassung vom 4. März den Gemeinden gewährleisteten Grundrechte den Entwurf eines Gemeindegesetzes Eurer Majestät im Anschluß allerunterthänigst vor.

Der Ministerrath erlaubt sich, diesen Entwurf als den eines provisorischen und nicht eines definitiven Gesetzes zu bezeichnen.

Bei dem gähen Übergange aus den von früheren Jahrhunderten überkommenen Institutionen zu einer gänzlich neuen Ordnung der Dinge gehen uns die Erfahrungen ab, die es allein möglich machen würden, allen Bedürfnissen, allen Bildungs- und Entwicklungsstufen der Völker Österreichs gleichmäßig Rechnung zu tragen.

Die praktische provisorische Durchführung allein kann jene Erfahrung geben und uns mit diesen Bedürfnissen vertraut machen.

Der Entwurf, der Eurer Majestät allerunterthänigst vorgelegt wird, besitzt Bildungsfähigkeit genug, um in das Leben der Völker hineingestellt, sich aus sich selbst zu entwickeln, fortzubilden, jenes abzustoßen, was sich nicht bewährt, jenes aber, was sich als wünschenswerth oder nothwendig zeigt, in sich aufzunehmen. Dann erst wird es möglich sein, ein sicheres, richtiges Urteil über das Gesetz zu fällen, dann wird es Sache der Landesvertretungen sein, das Gesetz mit Berücksichtigung der eigenthümlichen Verhältnisse der einzelnen Landestheile, der sich kundgebenden Bedürfnisse und der sich als nothwendig darstellenden Abänderungen fortzubilden und zur definitiven Feststellung desselben im Wege der Gesetzgebung zu schreiten.

Das Ministerium war vor allem von der Überzeugung geleitet, daß der Gemeindeverband ein naturwüchsiger ist und sein muß, daß derselbe überall, wo er durch natürliche oder positive Verhältnisse, gemeinsame Interessen, gemeinsames Leben und Wirken sich entwickelt, gesetzlich anerkannt und in seiner Existenz gewährleistet werden müsse. Die Gemeinde, die Ortsgemeinde, wie sie factisch besteht, hat eben durch ihren Bestand ein begründetes gutes Recht, ihre individuelle Existenz anzusprechen; sie ist eine moralische Person, welche die Anerkennung und Gewährleistung ihres Fortbestandes zu fordern berechtigt ist; es wäre eine Verletzung des obersten Rechtsprincips, wie des obersten Grundsatzes der Freiheit, sie zu zwingen, sich dieser ihrer individuellen Existenz zu entäußern.

Das vorliegende Gesetz erkennt daher die factisch bestehende Ortsgemeinde als unterste Einheit in der Gliederung der Gemeinden an.

Es schließt jedoch die Verbindung oder Vereinigung mehrerer Gemeinden zu einer einzigen Ortsgemeinde nicht aus, wenn jene, vermöge ihrer Lage und ihrer natürlichen Verhältnisse mit einander eng verbunden oder nicht im Stande sind, allein die größeren Lasten zu tragen, die ihre selbstständige Stellung, die eigene Verwaltung ihrer Angelegenheiten, endlich die Besorgung der vom Staate ihnen übertragenen Geschäfte nothwendig herbeiführen wird.

Wenn auch die Eintheilung in Bezirke und Kreise eine positiv gegebene ist, so beruht sie doch einer Seits wesentlich auf den Verhältnissen des Landes, welche immer den vorzüglichsten Eintheilungsgrund derselben bilden, sie bringt aber hinwieder anderer Seits mit sich, daß eine Verknüpfung der Interessen und Wechselbeziehungen eintritt; die vielen und mannigfachen Berührungen, die eine natürliche Folge der gemeinschaftlichen Zuweisung zu einer und derselben administrativen Behörde, zu einem und demselben Gerichte sind, bringen allmählig die Bewohner, die Gemeinden eines Bezirkes, eines Kreises einander näher und aus der ursprünglich durch positive Bestimmungen hervorgehenden Vereinigung entwickelt sich allmählig ein einiger gemeinschaftlicher natürlicher Verband, und deshalb war das Ministerium der Ansicht, die Bezirke und Kreise als Gemeinden aufzufassen, und ihnen einen Platz in der Stufenfolge derselben anweisen zu müssen.

Allerdings besteht noch ein Gemeinde-Verband höherer Ordnung, der Verband der durch historische Grenzen gesonderten Länder; auch diesem, wie dem jeder anderen Gemeinde muß die volle Anerkennung werden; doch ist dieß nicht mehr Gegenstand des Gemeindegesetzes, sondern einer der wichtigsten Theile des Verfassungswerkes.

Autonomie der Gemeinde, in Allem, was ihr Interesse

zunächst berührt, und nicht in eine fremde Sphäre eingreift, muß der oberste leitende Grundsatz bei Organisirung des Gemeindewesens sein. Es ist dies ein natürliches Recht der Gemeinde und kann deshalb nicht willkürlich beschränkt werden.

Nur in der nothwendigen Unterordnung des Gemeindewohls unter das Gesammtwohl und in dem gleichen Rechte jeder Gemeinde auf Autonomie findet es seine natürliche Begränzung.

Es darf sich die Ortsgemeinde nicht eine Wirksamkeit anmassen über das, was das Interesse der Bezirks-Gemeinden berührt, diese darf nicht in den Wirkungskreis der Kreisgemeinde eingreifen. Es darf aber ebensowenig umgekehrt eine Gemeinde höherer Ordnung irgend etwas in ihren Wirkungskreis ziehen, was der Selbstbestimmung der unteren Gemeinde überlassen bleiben muß, weil es deren Interesse allein berührt, und innerhalb ihrer Gränzen durchführbar ist.

Dieser oberste Grundsatz ist durch das ganze Gesetz folgegerecht durchgeführt; demselben gemäß ist der Wirkungskreis der freien Gemeinde abgegränzt.

Euere Majestät werden in allen inneren Angelegenheiten der Gemeinden diesen die vollste Autonomie, die freieste Bewegung gewahrt finden; in Allem, was die Gemeinde allein berührt, der Verwaltung ihres Vermögens, der Bestellung ihrer Organe, der Handhabung der rein örtlichen Polizei u. s. w., wird auch die Gemeinde allein berufen zu walten und zu entscheiden. Nur wo die Wahrung höherer

Staatszwecke, die Wahrung von Interessen, die über den Standpunct der einzelnen Gemeinden hinausreichen, wo die Unterordnung unter das Gesammtwohl es verlangt, wird sowohl den Gemeinden höherer Ordnung (der Kreis-Gemeinde und der Landes-Gemeinde) als auch der Staatsgewalt selbst der nöthige Einfluß gesichert.

Aus der Natur der Gemeinde entspringt die Pflicht, die bleibenden Interessen der dauernden Gemeinde gegenüber derer der jeweiligen Gemeindeglieder zu wahren. Die Gemeinde ist eine moralische Person, sie umfaßt die Reihenfolge der gegenwärtigen und künftigen Geschlechter, sie ist als solche unsterblich; über dasjenige, was Eigenthum der Gemeinde als solcher ist, über den Stamm dieses Vermögens unbedingt zu verfügen, kann den jeweiligen Gemeindemitgliedern nicht zustehen. Diese Rechte der dauernden Gemeinde zu wahren wird der Gemeinde höherer Ordnung übertragen.

Eine nothwendige Folgerung jenes obersten Grundsatzes der Autonomie ist aber, daß so wie jede Gemeinde allein berufen ist, über dasjenige zu verfügen, was in ihren natürlichen Wirkungskreis gehört, auch in der Gemeinde nur jene über die Angelegenheiten derselben zu entscheiden berechtigt sind, welche ein wirkliches Interesse an die Gemeinde knüpft.

Nur der Majorität der Interessenten und nicht der Majorität der Masse kann die entscheidende Stimme in den Angelegenheiten der Gemeinde zustehen. Daß dieselben aber dieses ihr Recht nicht selbst, nicht persönlich ausüben, sondern dasselbe den Männern ihres Vertrauens übertragen, welche als ihre Vertreter die Interessen der Gemeinde und deren Glieder zu wahren und zu verwalten den Beruf erhalten, ist in der Nothwendigkeit selbst gegründet; denn dadurch allein wird es möglich, die Geschäfte regelmäßig zu führen, nur ein eigener Kreis weniger Männer, welche durch Sachkenntnis, Erfahrung und Erprobtheit jenes Vertrauen ihrer Mitbürger erwarben, das diese durch ihre Wahl bezeigt haben, biethet hinlängliche Garantie dafür, daß seine Beschlüsse und Verfügungen, Resultate reifer Erwägung und gründlicher allseitiger Berathung, nicht aber der sich kreuzenden und oft widersprechenden Einzel-Interessen der Menge, der leicht entzündbaren Aufregung des Augenblicks und unzähliger, beirrender Einflüsse sind, welche bei großen allgemeinen Versammlungen nicht vermieden und schwer gelenkt und geleitet werden können.

Es ist aber auch begründet in der Durchbildung des Princips der repräsentativen Verfassung durch alle Glieder des staatlichen Organismus. Dadurch wird jenes Princip dem Volke zum Bewußtsein gebracht; das Volk lernt in den ihm am nächsten stehenden Angelegenheiten und Interessen die Nothwendigkeit erkennen, sein Recht der Theilnahme an den allgemeinen Angelegenheiten an Einzelne zu übertragen, für welche in dieser Übertragung das Mandat der Vertretung liegt; es lernt aber eben dadurch die Wichtigkeit des Actes der Wahl ermessen und würdigen, seine Theilnahme an dieser gewichtigen Handlung wird dadurch geweckt, und das Princip der Repräsentation wird wirklich die Grundlage der Verfassung, indem es in das innerste Volksleben eindringt, in dem Volke selbst Wurzel faßt. Auch diese zwei Grundsätze nähmlich, daß nur die Majorität der Interessenten in den Angelegenheiten der Gemeinde maßgebend ist, und daß hinwider sich nur in der Majorität ihre Vertretung ausspricht, werden Euere Majestät durch das ganze Gesetz durchgeführt finden.

Von dem ersten glaubte das Ministerium keine Ausnahme machen zu dürfen, er ist die Grundlage des Princips der Vertretung der Ortsgemeinde, so wie der aller Gemeinden höherer Ordnung.

In der Ortsgemeinde sind nur die Gemeindebürger, welche durch materielle Interessen, und unter den Gemeinde-Angehörigen nur jene, welche durch geistige Interessen mit denen der Gemeinde verbunden sind, zur Theilnahme an der Wahl der Repräsentanz berufen, und zwar auch sie wieder nicht in völlig gleichem Maßstabe, sondern eben im Verhältnisse mit dem Antheil, den sie an dem Interesse der Gemeinde nehmen; im Verhältnisse mit dem Antheil, mit welchem sie zu den Lasten der Gemeinde beisteuern und an den Wohlthaten derselben theilnehmen.

Dies der Grundgedanke der Bildung der Wahlkörper. Auf Grundlage der Vertretung der Ortsgemeinde wird die der Bezirksgemeinde und der Kreisgemeinde gebildet.

Von dem zweiten der erwähnten Grundsätze, wenngleich auch er in dem ganzen Werke anerkannt und gewahrt ist, wird jedoch dort, aber auch nur dort eine Ausnahme zugelassen, wo das Gemein-Interesse wesentlich in das eigentliche, individuelle Interesse des Einzelnen eingreift. In diesem Falle schien es nothwendig, eine Berufung an die Gesammtheit zuzugeben, und dieser die Entscheidung zu überlassen, wie es die Bestimmungen über Umlagen zu Gemeindezwecken feststellen.

Die Theilung der Geschäfte der Gewalten zwischen den Vertretern der Ortsgemeinden und deren Vorstehern ist in der Natur der Dinge selbst begründet, die Entscheidung steht den Vertretern, die Ausführung den Vorstehern zu, und diese werden wieder in der Ausführung und Vollziehung selbst von jenen überwacht.

Ebenso in der Natur der Dinge begründet ist die Trennung des Wirkungskreises der Gemeinden in den natürlichen und übertragenen, in den der ihr vermöge ihres eigenen Rechtes auf Autonomie zusteht, und daher auch nur in den naturnothwendigen Beschränkungen dieses Rechtes, von denen früher Erwähnung geschah, seine Begränzung findet, und denjenigen der ihr von der Staatsgewalt im Delegationswege zugewiesen wird. Bei diesem enthält das Mandat selbst die Begränzung desselben.

Die Übertragung gewisser öffentlicher Geschäfte an Organe der Gemeinde legt sie in die Hand derer, die das Vertrauen des Volkes an ihren Posten berufen hat, und sichert dadurch deren Ausführung, und es sind in den letzten Ausläufern des staatlichen Organismus die untersten Functionen der Staatsgewalt dergestalt mit den Interessen der Gemeinde verknüpft, daß eine Vereinigung in derselben Hand sich als unerläßlich darstellt. Der Vorsteher der Ortsgemeinde wird deshalb in dem vorliegenden Gesetze nicht nur als ein vollziehendes Organ der Gemeinde in Gemeindeangelegenheiten, sondern auch als unterstes vollziehendes Organ der Staatsgewalt hingestellt. In dieser Beziehung muß er aber der Staatsgewalt, von welcher er das Mandat erhält, strengstens verantwortlich sein, und der Ministerrath hat, da der Gemeinde im Allgemeinen in der Wahl ihres eigenen Vorstehers die vollkommenste Freiheit zugestanden werden muß, anderer Seits auch der Staatsgewalt das Recht wahren zu müssen geglaubt, das Mandat in Bezug auf den dem Bürgermeister übertragenen Wirkungskreis, wenn sie es für nöthig erachtet, zurückzunehmen.

Dieß Eure Majestät, sind die leitenden Grundsätze, von welchen bei der Ausarbeitung dieses Gesetzes ausgegangen wurde. Sie sind nicht nur in allgemeinen Zügen an die Spitze desselben gestellt, sondern sie sind in Wahrheit die Basis des ganzen Gebäudes, und finden in der Detail-Ausführung ihre volle Wahrung und Entwicklung. In die Beleuchtung der einzelnen Bestimmungen einzugehen, dürfte aber eben deswegen nicht nothwendig sein, weil diese in den obersten Grundsätzen selbst ihre volle Begründung finden.

Nur Eines erlaubt sich der Ministerrath hier noch hervorzuheben. In dem vorliegenden Gesetze wird im allgemeinen kein Unterschied zwischen Stadt- und Landgemeinden gemacht, weil das Ministerium der Ansicht ist, daß zwischen denselben in der Allgemeinheit aufgefaßt ein tiefgehender Unterschied nicht obwalte; die Verleihung eines Markt- oder Stadtprivilegiums an eine oder die andere Gemeinde übt auf die natürlichen Verhältnisse derselben keinen entscheidenden Einfluß und ist keine Ursache, einen wesentlichen Unterschied in der Verfassung derselben festzustellen. Eine Verschiedenheit tritt nur dort hervor, wo durch die Größe, die Bedeutenheit, die Bevölkerung eines Ortes den Interessen selbst eine vorwiegende verschiedene Richtung gegeben wird; wo die Interessen der Agricultur in den Hintergrund treten, und jenen der Industrie, des Handels, sowie den höheren Interessen des Geistes, der Wissenschaft Platz machen. Für solche größere Städte mußten allerdings jene Abänderungen in den Institutionen dieses Gesetzes offen gehalten werden, welche durch ihre besonderen Verhältnisse nothwendig werden, und es wird deshalb auf die Feststellung besonderer Verfassungen für dieselben im Wege der Gesetzgebung hingewiesen.

Am Schlusse endlich glaubt der Ministerrath hier die Überzeugung aussprechen zu dürfen, daß dieses Gesetz eben durch die strenge Sonderung dessen, was in den Wirkungskreis der Gemeinden in allen ihren Stufen gehört, und dessen, was Sache des Staates ist, eben so sehr dem natürlichen Rechte der Gemeinde auf Autonomie in allen ihren Angelegenheiten volle Geltung verschafft, als auch für die Wahrung der höheren allgemeinen Interessen des Staates, für die freie kräftige Entwicklung der Staatsgewalt in ihrer Wirkungssphäre die vollkommenste Bürgschaft biethet.

Der treugehorsamste Ministerrath erlaubt sich daher, Eure Majestät allerunterthänigst zu bitten, diesem provisorischen Gemeinde-Gesetz die Allerhöchste Genehmigung zu ertheilen und das ehrerbiethigst angeschlossene Patent allergnädigst ausfertigen zu lassen.

Wien den 15. März 1849.

Schwarzenberg,   Cordon,
Stadion,   Bruck.
Krauß,   Thinnfeld,
Bach,   Kulmer."

Printed by Libri Plureos GmbH
in Hamburg, Germany